陳澧集

增訂本

〔清〕陳澧 著

黃國聲 主編

第三册

羅偉豪 整理

上海古籍出版社

第三册目録

切韻考
切韻考外篇

羅偉豪　點校

點校説明

一、《切韻考》、《切韻考外篇》的點校以粤版《東塾叢書》(番禺陳氏東塾叢書初函四種附一種)第五册第六册《切韻考》、第七册《切韻考外篇》作底本,以嚴式誨輯《音韻學叢書》當中的《切韻考》六卷、《切韻考外篇》三卷作校本。

二、據中山大學圖書館所存,粤版《東塾叢書》之《切韻考》、《切韻考外篇》主要有兩個印本,版面相同,個别字體有異。點校以印刷較早、字形錯誤較少的一個印本作底本,此印本原中山大學與原嶺南大學圖書館各有一套,現並存於中山大學圖書館古籍部。

據汪宗衍《陳東塾先生年譜》所載,陳澧於清道光十七年(一八三七)始著《切韻考》,道光二十二年(一八四二)撰《切韻考·序》。同治七年(一八六八)刻《切韻考》五卷,同治九年(一八七〇)刻《切韻考·通論》(卷六),同治十一年(一八七二)刻《切韻考外篇》一卷,光緒五年(一八七九)撰《切韻考外篇·序》,光緒六年(一八八〇)《切韻考外篇》三卷刻成。

廖廷相於光緒十年(一八八四)作《切韻考外篇跋》。又《中國叢書綜録》載《番禺陳氏東塾叢書》

中《切韻考》六卷、《外篇》三卷於光緒八年（一八八二）刊。《切韻考》、《切韻考外篇》雖未注明在何處刻印，但《東塾叢書》第二册《漢儒通義》書末小注「粤東省城西湖街富文齋承刻刷印」，第四册《聲律通考》書末小注「粤東省城西湖街富文齋承刊」，第九册《漢書地理志水道圖説》書末小注「廣東省城西湖街富文齋刊印」。《東塾叢書》初函四種應屬同一個單位印刷。

三、《切韻考》校本封面題注「庚午（一九三〇）夏五月渭南嚴氏用東塾叢書本校鐫於成都」。《切韻考》卷一、卷四、卷五、卷六，《切韻考外篇》卷一、卷二、卷三書末均注明渭南嚴式誨校刊、成都龔道耕重校。一九五七年四川人民出版社重印此校本，一九八四年北京中國書店影印出版。

四、校本與底本内容全同，但版面有改動。校本改正了底本一些錯字，但也有一些字底本正確而校本錯誤，點校工作主要是校正底本的錯字，凡底本不錯而校本有誤的，不出校記。底本與校本切語用字均有錯誤時，則依《廣韻》改正。

五、校記號碼以卷爲單位，每卷一組，按出現先後次序統一編號，分别列於《切韻考》校記、《切韻考外篇》校記。

六、《切韻考》引用他種論著，多不是原文照録，而是節取材料與觀點。一句之内字有增減，有些語句在所引著作中分隔數句，而引文卻撮要併合爲一個句段，其中有許多删節。點校悉依陳澧引

文，僅添加上下引號，不出校記與原著比較，不改動引文，不使用省略號。

七、《切韻考》、《切韻考外篇》行文有夾注，原爲雙行小字，點校本改作單行，表格中小字排式另作統一處理。

目録

切韻考 卷一

序録

序

自孫叔然始爲反語，雙聲疊韻各從其類，由是諸儒傳授，四聲韻部作焉。而陸氏《切韻》實爲大宗，蓋自漢末以至隋代，審音之學具於斯矣。唐季沙門始立三十六字母，分爲等子字母之名，雖由梵學，其實則據中土切音。然音隨時變，隋以前之音至唐季而漸混，字母等子以當時之音爲斷，不盡合於古法。其後切語之學漸荒，儒者昧其源流，猥云出自西域。至國朝，嘉定錢氏、休寧戴氏，起而辨之，以爲字母即雙聲，等子即疊韻，實齊梁以來之舊法也。二君之論，既得之矣。澧謂：切語舊法，當求之陸氏《切韻》。《切韻》雖亡，而存於《廣韻》。乃取《廣韻》切語上字系聯之爲雙聲四十類；又取切語下字系聯之，每韻或一類或二類或三類四類。是爲陸氏舊法。隋以前之音異於唐季以後，又錢戴二君所未及詳也。於是分列聲韻，編排爲表，循其軌跡，順其條理，惟以考據爲準，不以口耳爲

憑，必使信而有徵，故寧拙而勿巧。若夫《廣韻》之書，非陸氏之舊。《廣韻》復有二種，近代傳刻，又各不同。乃除其增加，校其譌異，雖不能復見陸氏之本，尚可得其體例。又爲通論，以暢其説。蓋治小學，必識字音；識字音，必習切語。故著爲此書，庶幾明陸氏之學，以無失孫氏之傳焉。後出之法，是爲餘波，别爲外篇，以附於末。於時歲在壬寅道光二十有二年也。

條例

陸氏《切韻》之書已佚，唐孫愐增爲《唐韻》，亦已佚。宋陳彭年等纂諸家增字爲《重修廣韻》，猶題曰陸法言撰本。今據《廣韻》以考陸氏《切韻》，庶可得其大略也。

切語之法，以二字爲一字之音：上字與所切之字雙聲，下字與所切之字疊韻；上字定其清濁，下字定其平上去入。平上去入四聲，各有一清一濁，詳見通論。上字定清濁而不論平上去入。如東，德紅切；同，徒紅切：東德皆清，同徒皆濁也；然同徒皆平，可也，東平德入，亦可也。下字定平上去入，而不論清濁。如東，德紅切；同，徒紅切；中，陟弓切；蟲，直弓切：東紅、同紅、中弓、蟲弓皆平也；然同紅皆濁，中弓皆清，可也，東清紅濁，蟲濁弓清，亦可也。東同中蟲四字在一東韻之首，此四字切語已盡備切語之法，其體例精約如此，蓋陸氏之舊也。今考切語之法，皆由此而明之。

切語上字與所切之字爲雙聲，則切語上字同用者互用者遞用者，聲必同類也。同用者如冬，都宗切；當，都郎切：同用都字也。互用者如當，都郎切；都，當孤切：都當二字互用也。遞用

者如冬，都宗切；都，當孤切：冬字用都字，都字用當字也。今據此系聯之，爲切語上字四十類，編而爲表直列之。

切語下字與所切之字爲疊韻，則切語下字同用者互用者遞用者，韻必同類也。同用者如東，德紅切；公，古紅切：同用紅字也。互用者如公，古紅切；紅，户公切：紅公二字互用也。遞用者如東，德紅切；紅，户公切：東字用紅字，紅字用公字也。今據此系聯之，爲每韻一類、二類、三類、四類，編而爲表横列之。

《廣韻》同音之字不分兩切語，此必陸氏舊例也。其兩切語下字同類者，則上字必不同類。如紅，户公切；烘，呼東切：公東韻同類，則户呼聲不同類。今分析切語上字不同類者，據此定之也。上字同類者，下字必不同類。如公，古紅切；弓，居戎切：古居聲同類，則紅戎韻不同類。今分析每韻二類、三類、四類者，據此定之也。

切語上字既系聯爲同類矣，然有實同類而不能系聯者，以其切語上字兩兩互用故也。如多得都當四字，聲本同類；「多」得何切，「得」多則切，「都」當孤切，「當」都郎切，多與得、都與當，兩兩互用，遂不能四字系聯矣。今考《廣韻》一字兩音者互注切語，其同一音之兩切語上二字聲必同類。如一東「涷，德紅切，又都貢切」，一送「涷，多貢切」，「都貢」「多貢」同一音，則「都」「多」二字實同一類也。今於切語上字不系聯而實同類者，據此以定之。

切語下字既系聯爲同類矣,然亦有實同類而不能系聯者,以其切語下字兩兩互用故也。如朱俱無夫四字,韻本同類。「朱」章俱切,「俱」舉朱切,「無」武夫切,「夫」甫無切,朱與俱、無與夫,兩兩互用,遂不能四字系聯矣。今考平上去入四韻相承者,其每韻分類亦多相承。切語下字既不系聯,而相承之韻又分類,乃據以定其分類。否則雖不系聯,實同類耳。

《廣韻》云,郭知元朱箋三百字,關亮、薛峋、王仁煦、祝尚丘、孫愐、嚴寶文、裴務齊、陳道固增加字,更有諸家增字備載卷中,凡二萬六千一百九十四言。案:封演《聞見記》云,陸法言《切韻》凡一萬二千一百五十八字」。然則《廣韻》增加者一萬四千三十六字,倍於陸氏元文矣。今欲知孰爲陸氏元文,孰爲後人增加,已不可辨。惟《廣韻》以同音之字爲一條,每條第一字注切語及同音字數。如東字,注云:德紅切,十七。此必陸氏舊例。然有兩條切語同一音者於例不合,而凡不合者其一條多在韻末,又字多隱僻,且多重見,此必增加字也。惟其增加,故綴於末;其字爲陸氏所不録,故多隱僻;又字有數音,前人已據一音録之,後人別據一音增之,故多重見也。凡若此者,今不録於表,而記其字於表後焉。

切語下字當取同韻同類之字,然或同韻同類有字,而取不同韻之字,或取同韻不同類之字者,蓋陸氏書同韻同類無字,故借用不同韻不同類之字耳。《廣韻》同韻同類有字,乃後人所增加也。又有字在此韻之末,而切語下字則在他韻者,此蓋他韻增加之字誤入此韻,今皆不録於表,亦於表後記之。

更有切語參錯而其字則非增加者,此千百中之一二,其爲傳寫之誤,抑陸氏之疏,已不可辨。今

亦於表後記之。

今世所傳《廣韻》二種，其一注多，其一注少。注多者有張士俊刻本，注少者有明刻本、顧亭林刻本。又有曹楝亭刻本，前四卷與張本同，第五卷注少而又與明本、顧本不同。聞有元本在湖南袁氏家，惜未得見。今以張刻本爲主，以明本、顧本、曹本校之。又徐鉉等校《説文》云：「以《唐韻》音切爲定。」鉉爲其弟鍇《説文篆韻譜序》云：「以切韻次之。」今並取以校《廣韻》，其有不同者，擇善而從。而記其譌異於表後焉。

切韻考　卷二

聲類考

陸氏《切韻》之書，存於《廣韻》之内，澧校定《廣韻》切語，粗得陸氏體例，乃總而覈之。切語上字凡四百五十二字，每字又取其切語上字而系聯之，得四十類。此隋以前雙聲之區域也。孫愐曰：「引字調音，各自有清濁。」《唐韻序·後論》今人於平聲清濁，皆能辨之；上去入聲之清濁，則多囿於方音而不能辨。切語之法，以上字定清濁；不辨清濁，故不識切語。今以切語上字四十類分别清聲二十一類，濁聲十九類。又於每類取平聲字爲首，首一字清則系聯一類皆清，首一字濁則系聯一類皆濁，瞭然可知也。孫愐又曰：「紐其脣齒喉舌牙，部件而次之。」《唐韻序》件者，參錯無次第也。韻有一東二冬三鍾四江之次第，而聲則無次第，如東字冬字舌音，鍾字齒音，江字牙音，而皆可爲韻部之首也。今於清聲二十一類，濁聲十九類，但以所見之先後爲次第，亦所謂件而次之也。如第一類德字，見一東東字德紅切，第二類陟字，見一東中字陟弓切。

多得何得德多則丁當經都當孤當都郎冬都宗　七字聲同一類丁以下四字與上三字，切語不系聯，實同一類。詳見條例。

張陟良知陟離猪陟魚徵陟陵中陟弓追陟隹陟竹力卓竹角竹張六　九字聲同一類

之止而止諸市章諸良征諸盈諸章魚煑章與支章移職之翼正之盛旨職雉占職廉脂旨移　十二字聲同一類

抽丑鳩癡丑之楮褚丑呂丑敕久恥敕里敕恥力　七字聲同一類

蘇素姑素桑故速桑谷桑息郎相息良悉息七思司息兹斯息移私息夷雖息遺辛息鄰息相即須相俞胥相居先蘇前寫息姐　十七字聲同一類

居九魚九舉有俱舉朱舉居許規居隋吉居質紀居里几居履古公户公古紅過古卧各古落格古伯兼古甜姑古胡佳古膎詭過委　十七字聲同一類古以下九字與上八字，不系聯，實同一類。居九舉三字互用，古公二字互用，則不能兩相系聯耳。三十六養獷，居往切，又居猛切；三十八梗獷，古猛切，又居往切；古猛切即居猛切之音，是居古二字同一類也。

康苦岡枯苦胡牽苦堅空苦紅謙苦兼口苦后楷苦駭客苦格恪苦各苦康杜去丘據丘去鳩墟祛去魚詰去吉窺去隨羌去羊欽去金傾去營起墟里綺墟彼豈祛豨區驅豈俱　二十四字聲同一類去以下十四字與上十字，不系聯，實同一類。康苦二字互用，去丘二字互用，則不能兩相系聯耳。四江椌[二]，苦江切；一東椌，苦紅切，又丘江切；丘江切即苦江切之音，是苦丘二字同一類也。

方府良卑府移並府盈封府容分府文府甫方矩鄙方美必卑吉彼甫委兵甫明筆鄙密陂彼爲畀必至　十四字聲同一類

敷孚芳無妃芳非撫芳武芳敷方披敷羈峯敷容丕敷悲拂敷勿　九字聲同一類

昌尺良尺赤昌石充昌終處昌與叱昌栗春昌脣　七字聲同一類

於央居央於良憶於力伊於脂依衣於希憂於求一於悉乙於筆握於角謁於歇紆憶俱挹伊入烏哀都哀烏開安烏寒煙烏前鷖烏奚愛烏代　十九字聲同一類烏以下六字與上十三字，不系聯，實同一類。於央二字互用，烏哀二字互用，則不能兩相系聯耳。十遇汚，烏路切；十一模汚，哀都切，又一故切；一故切即烏路切之音，是烏一二字同一類也。

倉蒼七岡親七人遷七然取七庾七親吉青倉經采倉宰醋倉故麤麁倉胡千蒼先此雌氏雌此移　十四字聲同一類此雌二字與上十二字，不系聯，實同一類。親七二字互用，此雌二字互用，則不能兩相系聯耳。一先緣，此緣切；三十三線縓，七絹切，又七全切；七全切即此緣切之音，是七此二字同一類也。

他託何託他各土吐他魯通他紅天他前台土來湯吐郎　八字聲同一類

將即良子即里資即夷即子力則子德借子夜茲子之醉將遂姊將几遵將倫祖則古臧則郎作則落　十三字聲同一類

呼荒烏荒呼光虎呼古馨呼刑火呼果海呼改呵虎何香許良朽許久羲許羈休許尤況許訪許虛呂興虛陵喜虛

里虛朽居　十六字聲同一類。香以下九字與上七字，不系聯，實同一類。呼荒二字互用，朽許虛三字互用，則不能兩相系聯耳。二十二元䛱，況袁切；五支䛱，許羈切，又火元切；火元切即況袁切之音，是況火二字同一類也。

邊布玄布博故補博古伯百博陌北博墨博補各巴伯加　八字聲同一類

滂普郎普滂古匹譬吉譬匹賜　四字聲同一類。匹譬二字與滂普二字，不系聯，實同一類。滂普二字互用，匹譬二字互用，則不能兩相系聯耳。三十四果頗，普火切；八戈頗，滂禾切，又匹我切；匹我切即普火切之音，是普匹二字同一類也。

山所閒疏疎所葅沙砂所加生所庚色所力數所矩所疏舉史疏士　十字聲同一類

書舒傷魚傷商式陽施式支失式質矢式視試式吏式識賞職賞書兩詩書之釋施隻始詩止　十四字聲同一類

初楚居楚創舉創瘡初良測初力叉初牙廁初吏芻測隅　八字聲同一類

莊側羊爭側莖阻側呂鄒側鳩簪側吟側仄阻力　七字聲同一類

右切語上字，清聲二十一類，二百四十四字。

徒同都同徒紅特徒得度徒故杜徒古唐堂徒郎田徒年陀徒何地徒四　十字聲同一類

除直魚場直良池直離治持直之遲直尼佇直呂柱直主丈直兩直除力宅場伯　十一字聲同一類

鋤鉏士魚牀士莊犲士皆䶥士力士仕鉏里崇鋤弓查鉏加雛仕于俟牀史助牀據　十二字聲同一類

如人諸汝人渚儒人朱人如鄰而如之仍如乘兒汝移耳而止　八字聲同一類

余餘予以諸夷以脂以羊己羊與章弋翼與職與余呂譽余傾移弋支悅弋雪　十二字聲同一類

于羽俱羽雨王矩云雲王分王雨方韋雨非永于憬有云久遠雲阮榮永兵爲遠支洧榮美筠爲贇　十四字聲同一類

文無分美無鄙望巫放無巫武夫明武兵彌武移亡武方眉武悲綿武延武文甫靡文彼莫慕各慕莫故模謨摸莫胡母莫厚　十八字聲同一類莫以下六字與上十二字，不系聯，實同一類。文無武三字互用，莫慕二字互用，則不能兩相系聯耳。一東韻夢，莫中切，又武仲切；一送韻夢，莫鳳切，又亡中切；武仲切即莫鳳切之音，亡中切即莫中切之音，是武莫亡三字同一類也。

渠強魚強巨良求巨鳩巨其呂具其遇臼其九衢其俱其渠之奇渠羈暨具冀　十字聲同一類

房防符方縛符钁平符兵皮符羈附符遇符苻扶防無便房連馮房戎毗房脂弼房密浮縛謀父扶雨婢便俾

盧落胡來落哀賴落蓋落洛盧各勒盧則力林直林力尋呂力舉良呂張離呂支里良士郎魯當魯郎古練郎甸十六字聲同一類

十五字聲同一類力以下六字與上十二字不系聯，郎魯練三字與上十二字又不系聯，實皆同一類。盧落二字互用，力林二字互用，郎魯二字又互用，則皆不能相系聯耳。一東籠，盧紅切；三鍾籠，力鍾切，又力東切，力東切即盧紅切之音。十二齊蜦，郎計切；十八諄蜦，力迍切，又力計切；力計切即郎計切之音，是盧力郎三字同一類也。

胡乎户吴侯户鉤户侯古下胡雅黄胡光何胡歌　七字聲同一類

才昨哉徂昨胡在昨宰前昨先藏昨郎昨酢在各疾秦悉秦匠鄰匠疾亮慈疾之自疾二情疾盈漸慈染　十四字聲同一類疾以下七字與上七字，不系聯，實同一類。在昨二字互用，疾秦匠三字互用，則不能相系聯耳。三鍾從，疾容切；三用從，疾用切，又才容切；才容切即疾容切之音，是疾才二字同一類也。

蒲薄胡步薄故裴薄回薄傍各白傍陌傍步光部蒲口　七字聲同一類

魚語居疑語其牛語求語魚巨宜魚羈擬魚紀危魚爲玉魚欲五疑古俄五何吾五乎研五堅遇牛具虞愚遇俱　十五字聲同一類

奴乃都乃奴亥諾奴各内奴對妳奴禮那諾何　六字聲同一類

時市之殊市朱常嘗市羊蜀市玉市時止植殖寔常職署常恕臣植鄰承署陵是氏承紙視承矢成是征　十六字聲同一類

尼女夷拏女加女尼吕　三字聲同一類

徐似魚祥詳似羊辭辞似兹似詳里旬詳遵寺祥吏夕祥易隨旬爲　十字聲同一類

神食鄰乘食陵食乘力實神質　四字聲同一類

右切語上字，濁聲十九類，二百八字。

凡切語上字，清聲濁聲共四百五十二字。

切韻考　卷三

韻類考

《廣韻》平上去入二百六韻，必陸氏《切韻》之舊也。夫韻部分至二百六，固已多矣。今以其切語下字考之，有一韻只一類者，有一韻而分二類三類四類者。說見條例。平上去入四聲相承之四韻一韻一類，則餘三韻亦一類；一韻分二類三類四類，則餘三韻亦二類三類四類。亦有相承而少一類者，則其切語系聯不可分故也。孫愐曰：「若細分其條目，則令韻部繁碎，徒拘桎於文辭。」《唐韻序·後論》今每韻分析二類三類四類，不嫌繁碎，此編考覈聲韻，非爲文辭而設也。

平聲上

一東　蒙莫紅瞢莫中二類

二冬　一類

三鍾　一類

四江　一類
五支　詑香支犧許羈靡許爲隓許規四類香許，聲同類。
六脂　鬐渠脂逵渠追二類，又葵渠追自爲一類葵字無同類之字，故切語借用追字。説見表後。共三類。
七之　一類
八微　威於非依於希二類
九魚　一類
十虞　一類
十一模　一類
十二齊　雞古奚圭古攜二類
十三佳　佳古膎娲古蛙二類
十四皆　皆古諧乖古懷二類
十五灰　一類
十六咍　一類
十七真　因於真醫於巾贇於倫三類
十八諄　一類

十九臻　一類
二十文　一類
二十一殷　一類
二十二元　元愚袁言語軒二類愚語，聲同類。
二十三魂　一類
二十四痕　一類
二十五寒　一類
二十六桓　一類
二十七删　姦古顔關古還二類
二十八山　閒古閑鰥古頑二類

平聲下

一先　堅古賢涓古玄二類
二仙　焉於乾嬛於權娟於緣三類
三蕭　一類
四宵　飆甫遥鑣甫嬌二類

五肴　一類
六豪　一類
七歌　一類
八戈　莛七戈脞醋伽二類七醋，聲同類。
九麻　奓陟加檛陟瓜奓陟邪三類
十陽　强巨良狂巨王二類
十一唐　航胡郎黄胡光二類
十二庚　庚古行觵古横驚舉卿三類古舉，聲同類。　閍甫盲兵甫明二類，庚與閍同一類，實四類。
十三耕　甖烏莖泓烏宏二類
十四清　嬰於盈縈於營二類
十五青　經古靈扃古螢二類
十六蒸　一類
十七登　揯古恒肱古弘二類
十八尤　一類
十九侯　一類

二十幽　一類

二十一侵　愔挹淫音於金二類挹於，聲同類。

二十二覃　一類

二十三談　一類

二十四鹽　懕一鹽淹央炎二類一央，聲同類。

二十五添　一類

二十六咸　一類

二十七銜　一類

二十八嚴　一類

二十九凡　一類

上聲

一董　一類此韻與一東相承，一東二類，此韻只一類。

二腫　一類

三講　一類

四紙　枳居帋踦居徛詭過委三類居過，聲同類。彼甫委俾並弭二類甫並，聲同類。詭與彼同一類，實

四類。

五旨　几居履軌居洧癸居誄三類

六止　一類

七尾　磈於鬼扆於豈二類

八語　一類

九麌　一類

十姥　一類

十一薺　一類此韻與十二齊相承，十二齊二類，此韻只一類。

十二蟹　一類，又𠁥乖買自爲一類𠁥字無同類之字，故切語借用買字，說見表後。共二類。

十三駭　一類此韻與十四皆相承，十四皆二類，此韻只一類。

十四賄　一類

十五海　一類

十六軫　泯武盡愍眉殞二類武眉，聲同類。此韻與十七真相承，十七真三類，此韻只二類。

十七準　一類

十八吻　一類

十九隱　一類
二十阮　婉於阮偃於幰二類
二十一混　一類
二十二很　一類
二十三旱　一類
二十四緩　一類
二十五潸　僩下赧晥户板二類下户，聲同類。
二十六産　剗初限憴初綰二類
二十七銑　峴胡典泫胡畎二類
二十八獮　睶旨善剸旨兖二類此韻與二仙相承，二仙三類，此韻只二類。
二十九篠　一類
三十小　藨平表摽符少二類平符，聲同類。
三十一巧　一類
三十二晧　一類
三十三哿　一類

三十四果　一類此韻與八戈相承，八戈二類，此韻只一類。

三十五馬　馬莫下乜彌也二類莫彌，聲同類。下胡雅踝胡瓦二類，馬與下同一類，實三類。

三十六養　響許兩怳許往二類

三十七蕩　沆胡朗晃胡廣二類

三十八梗　梗古杏礦古猛警居影憬俱永四類古居俱，聲同類。

三十九耿　一類此韻與十三耕相承，十三耕二類，此韻只一類。

四十靜　郢以整穎餘頃二類以餘，聲同類。

四十一迥　剄古挺熲古迥二類

四十二拯　一類

四十三等　一類此韻與十七登相承，十七登二類，此韻只一類。

四十四有　一類

四十五厚　一類

四十六黝　一類

四十七寑　坅丘甚顩欽錦二類丘欽，聲同類。

四十八感　一類

四十九敢　一類
五十琰　黶於琰奄衣儉二類於衣，聲同類。
五十一忝　一類
五十二豏　一類
五十三檻　一類
五十四儼　一類
五十五范　一類

去聲

一送　諷千弄趙千仲二類
二宋　一類
三用　一類
四絳　一類
五寘　縊於賜餧於僞恚於避三類，又臂卑義自爲一類臂字無同類之字，故切語借用義字，説見表後。共四類。
六至　冀几利媿俱位季居悸三類几俱居，聲同類。

七志　一類

八未　魏魚貴毅魚既二類

九御　一類

十遇　一類

十一暮　一類

十二霽　奚胡計慧胡桂二類

十三祭　祭子例蕝子芮二類

十四泰　泰他蓋娧他外二類

十五卦　卦古賣懈古隘二類

十六怪　怪古壞誡古拜二類

十七夬　一類，又蠆丑介自爲一類蠆字無同類之字，故切語借用十六怪介字，説見表後。共二類。

十八隊　一類

十九代　一類

二十廢　一類

二十一震　一類此韻與十七真十六軫相承，十七真三類，十六軫二類，此韻只一類。

二十二稕　一類
二十三問　一類
二十四焮　一類
二十五願　怨於願堰於建二類
二十六慁　一類
二十七恨　一類
二十八翰　一類
二十九换　一類
三十諫　諫古晏慣古患二類
三十一襇　莧侯襇幻胡辨二類侯胡,聲同類。
三十二霰　見古電睊古縣二類
三十三線　戰之膳剸之囀二類,繕時戰掾時釧二類,戰與繕同一類,實三類。
三十四嘯　一類
三十五笑　妙彌笑廟眉召二類彌眉,聲同類。
三十六效　一類

三十七号　一類

三十八箇　一類

三十九過　一類此韻與八戈三十四果相承，八戈二類，三十四果一類，此韻亦一類。

四十禡　嚇呼訝化呼霸二類，又夜羊謝謝辭夜一類，共三類。諸韻分類皆以切語上字聲同類定之，惟此夜謝二字切語下字互用爲一類，與嚇化二類字切語上字無聲同類者，然此韻與九麻三十五馬相承，九麻三十五馬皆三類，此韻亦三類無疑也。

四十一漾　向許亮況許訪二類

四十二宕　鋼古浪桄古曠二類

四十三敬　瀴於孟映於敬二類，孟莫更命眉病二類莫眉，聲同類。瀴與孟同一類，又蝗户孟自爲一類蝗字無同類之字，故切語借用孟字，説見表後。實四類。

四十四諍　一類此韻與十三耕三十九耿相承，十三耕二類，三十九耿一類，此韻亦一類。

四十五勁　一類此韻與十四清四十靜相承，十四清四十靜皆二類，此韻只一類。

四十六徑　一類此韻與十五青四十一迥相承，十五青四十一迥皆二類，此韻只一類。

四十七證　一類

四十八嶝　一類此韻與十七登四十三等相承，十七登二類，四十三等一類，此韻亦一類。

四十九宥　一類
五十候　一類
五十一幼　一類
五十二沁　一類此韻與二十一侵四十七寑相承，二十一侵四十七寑皆二類，此韻只一類。
五十三勘　一類
五十四闞　一類
五十五豔　厭於豔愴於驗二類
五十六㮇　一類
五十七陷　一類
五十八鑑　一類
五十九釅　一類
六十梵　一類

入　聲

一屋　木莫卜目莫六二類
二沃　一類

三燭　一類
四覺　一類
五質　一於悉乙於筆二類，又率所律自爲一類，共三類。率字無同類之字，故切語借用六術律字，説見表後。
六術　一類
七櫛　一類
八物　一類
九迄　一類
十月　钄其月𢵦其謁二類
十一没　一類
十二曷　一類
十三末　一類
十四黠　戞古黠劀古滑二類
十五鎋　鸛古鎋刮古頒二類
十六屑　結古屑玦古穴二類

十七薛　哲陟列輟陟劣二類，屮丑列㳮丑悦二類，哲與屮同一類，實三類。

十八藥　噱其虐戄其籰二類

十九鐸　落盧各礴盧穫二類

二十陌　格古伯戟几劇二類，古几，聲同類。又虢古伯自爲一類，虢字無同類之字，故切語借用伯字，説見表後。

共三類。此韻與十二庚三十八梗四十三敬相承，庚梗敬三韻皆四類，此韻只三類。

二十一麥　隔古核蟈古獲二類

二十二昔　皵七迹昗七役二類

二十三錫　激古歷郥古闃二類

二十四職　一類

二十五德　裓古得國古或二類

二十六緝　揖伊入邑於汲二類伊於，聲同類。

二十七合　一類

二十八盍　一類

二十九葉　魘於葉敏於輒二類

三十怗[二]　一類

三十一洽　一類

三十二狎　一類

三十三業　一類

三十四乏　一類

切韻考　卷四

表上

切語上字已定四十類，下字已定一韻一類二類三類四類，乃取《廣韻》每一音之第一字以其切語上字聲同類者直寫之，下字韻同類者横寫之，平上去入相承編排爲表。孫愐曰：「引字調音，各自有清濁。」《唐韻序·後論》今每一表中分清濁寫之，使覽者易明也。又校諸本之異，考增加之字記於每表之後。二切字異而音同者不記，以省繁文。如《廣韻》一東東德紅切，徐鉉《説文音》得紅切，德、得二字音同，則德紅、得紅二切音同也。又如《廣韻》張本、曹本二腫捧敷奉切，明本、顧本芳奉切，敷、芳二字聲同類，則敷奉、芳奉二切音同也。又如《廣韻》一東忡敕中切，徐鍇《説文篆韻譜》敕弓反，中、弓二字韻同類，則敕中、敕弓二切音同也。若以所記者改《廣韻》之誤字，删《廣韻》之增加字，則讀《廣韻》者瞭然無疑，庶幾稍復陸氏撰本之舊矣。

東第一

東 德紅
檧 蘇公
公 古紅
空 苦紅

中 陟弓
終 職戎
忡 敕中
嵩 息弓
弓 居戎，宮音同
穹 去宮
風 方戎
豐 敷戎
充 昌終

董第一

董 多動
敵 先孔
孔 康董

送第一

凍 多貢，凍音同
送 蘇弄
貢 古送
控 苦貢
諷 方鳳
賵 撫鳳

中 陟仲
衆 之仲
焪 去仲
銃 充仲

屋第一

㲙 丁木
速 桑谷
穀 古祿，谷音同
哭 空谷

竹 張六
粥 之六
蓄 丑六
肅 息逐，宿音同
菊 居六，匊音同
麴 驅匊
福 方六
蝮 芳福
俶 昌六

續表

東第一	翁 紅烏	悤 紅倉	通 紅他	葼 紅子	烘 東呼				
董第一	蓊 孔烏		侗 孔他	總 摠作同孔，	嗊 孔呼	琫 孔邊			
送第一	瓮 貢烏	謥 弄千	痛 貢他	糉 弄作	烘 貢呼				
		趥 仲千			[illegible] 仲香				
屋第一	屋 谷烏	瘯 木千	秃 谷他	鏃 木作	嗀 木呼	卜 木博	扑 木普		
	郁 六於	鼀 宿七		蹙 六子	蓄 竹許			縮 六所	叔 竹式

續表

蒙 紅莫						同 紅徒	右清聲			東第一
瞢 中莫	雄 弓羽	融 戎以	戎 融如	崇 弓鋤	蟲 弓直					
蠓 孔莫						動 揔徒				董第一
𥨫 鳳莫						洞 弄徒				送第一
				㓻 仲仕	仲 衆直					
木 卜莫						獨 谷徒				屋第一
目 六莫	囿 六于	育 六余	肉 六如		逐 六直			縬 六側	珿 六初	

續表

東第一			籠 盧紅	洪 户公，紅音同	叢 徂紅	蓬 薄紅	⿰山兒 五東			
	窮 渠弓	馮 房戎	隆 力中							
董第一			曨 力董	澒 胡孔		菶 蒲蠓		⿰多農 奴動		
送第一		鳳 馮貢	弄 盧貢	哄 胡貢	⿰聚攴 徂送			齈 奴凍		
屋第一			禄 盧谷	縠 胡谷	族 昨木	暴 蒲木				
	鞠 渠竹	伏 房六	六 力竹		龡 才六		砡 魚菊		熟 殊六	肭 女六

右濁聲

一東〇崇鋤弓切，曹本同。凡同者，後不復記。明本、顧本鋤功切誤。《集韻》鉏弓切，可證弓字是也。〇瞢，莫中切，徐鉉《說文音》木空切，與蒙字莫紅切音同，誤也。木莫，聲同類；空紅，韻同類；故木空、莫紅二切音同也。後凡言切音同者仿此。〇豐，敷戎切，《廣韻》諸本皆敷空切，今從徐鉉《說文音》及徐鍇《說文篆韻譜》。《玉篇》芳馮切，《集韻》敷馮切，馮戎韻同類，可證戎字是也。

一董〇澒，胡孔切，徐鍇《篆韻譜》呼孔反，誤也。《篆韻譜》凡胡字皆作呼，乃傳寫之誤，後不復記。

一送〇瓮，烏貢切，徐鍇五貢反，誤也。凡徐鍇《說文篆韻譜》，以後但稱徐鍇。《集韻》烏貢切，可證。〇趟，千仲切，張本子仲切，誤也。今從明本、顧本、曹本。《集韻》千仲切，可證。〇此韻末有幏霿艨三字莫弄切，與夢字莫鳳切音同，三字皆已見一東，此增加字也，今不録。

一屋〇竹，張六切，徐鉉陟玉切，誤也。凡徐鉉《說文音》，以後但稱徐鉉。玉字在三燭。

冬第二	腫第二	宋第二	沃第二
冬 都宗	湩 都侗	綜 子宋	篤 冬毒
攻 古冬			梏 古沃
宗 作冬			傶 將毒

續表

韻		右清聲	
冬第二	鬆 宗私　炵 冬他		彤 冬徒　賨 宗藏
腫第二			
宋第二	宋 統蘇　統 綜他		
沃第二	洬 篤先　沃 酷烏　酷 沃苦　熇 酷火　襮 沃博		毒 沃徒

續表

冬第二	農 冬奴	[illegible] 冬户	鏖 冬力			
腫第二						
宋第二		[illegible] 宋乎		雺 綜莫		
沃第二	褥 沃内	鵠 沃胡	濼 毒盧	瑁 沃莫	僕 沃蒲	[illegible] 沃五
右濁聲						

二腫〇此韻字皆三鍾上聲，《廣韻》湩字注云：「此是冬字上聲。」故今獨以湩字入此表也。《廣韻》湩，都鵤切，徐鍇都侗反，今從之。蓋陸氏書湩字無同韻之字，故附入二腫，而切語則借用一董侗

字。《廣韻》二腫末有䳘䑋二字，莫湩切，䳘字又見三講，此增加字也，今不録。

二宋○宋，蘇統切，徐鍇蘇弄反，誤也。弄字在一送。○䃔，乎宋切，明本、顧本呼宋切，誤。《集韻》胡宋切，乎胡同音，可證乎字是也。

二沃○梏，古沃切，徐鍇古屋反，誤也。屋字在一屋。○襮，博沃切，二徐蒲沃切，則與僕字蒲沃切同。《集韻》襮字亦有二音，其一音與僕同也。

鍾第三	腫第二	用第三	燭第三
鍾 職容	腫 之隴，踵音同	種 之用	燭 之欲
舂 書容			束 書玉
衝 尺容	⿰重隹 充隴		觸 尺玉
封 府容	覂 方勇	葑 方用	轐 封曲
胷 許容，凶音同	洶 許拱		旭 許玉
邕 於容	擁 於隴	雍 於用	

續表

鍾第三	蹱 凶丑	峯 容敷						
腫第二	寵 隴丑	捧 奉敷	冢 隴知	恐 隴丘	拱 悚居	悚 拱息	縱 冢子	
用第三	踵 用丑		湩 用竹	恐 用區	供 用居		縱 用子	
燭第三	棟 玉丑		瘃 玉陟	曲 玉丘	輂 玉居	粟 玉相	足 玉即	促 玉七

續表

鍾第三	**右清聲**	龍 鍾力	松 容祥	容 庸餘封，音同	顒 容魚	醲 容女	重 容直	從 容疾	逢 容符
腫第二		隴 踵力		勇 隴余			重 隴直		奉 隴扶
用第三		贚 用良	頌 用似	用 頌余			重 用柱	從 用疾	俸 用扶
燭第三		録 玉力	續 足似	欲 蜀余	玉 欲魚		躅 録直		幞 玉房

續表

鍾第三	腫第二	用第三	燭第三
茸而容	宂而隴	鞾而用	辱而蜀
蛩渠容	梁渠隴	共渠用	局渠玉
鱅蜀庸	尰時宂[一]		蜀市玉
			贖神蜀
右濁聲			

三鍾〇明本、曹本連寫於二冬之下，因唐以後冬鍾同用故爾，非陸氏舊式也。後凡連寫者，不記。

〇此韻有縱蹤蹤樅樅磫豵熧趉九字，即容切；恭龔供珙邛共哄卄髸鴂十字，九容切；蜙淞凇鬆倯楤六字，息恭切；注云：「陸以恭蜙縱等入冬韻。」據此則陸氏鍾韻無恭蜙縱等字，後人從冬韻移入耳。其在冬韻，蓋縱與宗同音，恭與攻同音，蜙與鬆同音也。其切語用容字，亦移入之後所改也。今於三鍾

不録恭蜙縱等字。又此韻末有樅鏦從瞛蹤瑽摐𦡳𥢶趀鬆訟十二字，七恭切；銎篷二字，曲恭切；陸氏恭字既不在此韻，則此十四字切語用恭字者，亦非陸氏之舊也。樅從趀銎篷已見此韻，蹤已見一東，鬆已見二冬，鏦摐已見四江，此皆增加字耳，今不録。

二腫○韻末有幒蜙二字，職勇切；與腫字之隴切音同，增加字也，今不録。曹本矢勇切，矢字誤。

三用○葑，方用切，曹本芳用切，芳字誤也。葑字同音有封字，封字平聲府容切，則去聲必方用切。府方，聲同類也。《集韻》芳用切，亦誤。○此韻末有搑字穠用切，與鞋字而用切音同，增加字也。今不録。

江第四	講第三	絳第四	覺第四
江古雙	講古項	絳古巷，降音同	覺古岳，角音同
囪楚江		稯楚絳	娖測角
邦博江	絜巴講		剝北角

續表

江第四	胮 江匹	雙 江所	肛 江許	胦 江握	腔 江苦	惷 江丑	椿 江都		
講第三			傋 慃虛	慃 項烏					
絳第四	胖 絳匹	淙 絳色				惷 絳丑		戇 降陟	
覺第四	璞 角匹	朔 角所	吒 角許	渥 角於	㱿 角苦	逴 角敕		斲 角竹	捉 角側

續表

江第四		厖 莫江	聰 女江	栙 下江	瀧 吕江	龐 薄江	幢 宅江	㟅 五江	淙 士江	
講第三		⿰亻尨 武項		項 胡講		⿰木丰 步項				
絳第四				巷 胡絳			⿰車童 直絳		漴 士絳	
覺第四		邈 莫角	搦 女角	學 胡覺	犖 吕角	雹 蒲角	濁 直角	嶽 五角，岳音同	浞 士角	
	右清聲									右濁聲

四江○雙，所江切；明本所立切，誤。○淙，士江切；明本土江切，誤。《集韻》鉏江切，士鉏聲同類，可證士字是也。

四絳○戇，陟降切；明本、顧本直降切，與幢字直絳切音同，誤也。○胖，明本誤作胖。《玉篇》《集韻》並作胖。此編考切語，非考字體，然字體大誤者亦記之，若小有譌異則不記。

支第五	支章移	羈居宜 嬀居爲 䝿居隋，規音同	詑香支 犧許羈 麾許爲 隓許規	漪於離 逶於爲	眵叱支 吹昌垂	鈹敷羈	卑府移 陂彼爲
紙第四	紙諸氏，帋同 捶之累	枳居帋 掎居綺 詭過委	𪖐興倚 毀許委	倚於綺 委於詭	侈尺氏		彼甫委 俾並弭，俾音同
寘第五	寘支義 惴之睡	寄居義 䞈詭偽 瞡規恚[二]	戲香義 毀況偽 孈呼恚	縊於賜 餧於偽 恚於避	卶充豉 吹尺偽	帔披義	賁彼義 臂卑義

支第五		眥 移即	纚 支式	斯 移息		摛 知丑	雌 移此	知 離陟	
	攲 奇去	厜 宜姊			差 宜楚				釃 宜所
	虧 爲去	劑 爲遵		眭 爲息	衰 危楚			腄 垂竹	韉 垂山
	闚 隨去								
紙第四		紫 此將	弛 是施	徙 氏斯		褫 豸敕	此 氏雌	掇 侈陟	
	綺 彼墟								躧 綺所
	跪 委去	觜 委即		髓 委息	揣 委初				
	跬 弭丘								
寘第五	企 智去	積 智子	翅 智施	賜 義斯			刺 賜七	智 義知	屣 寄所
	觖 瑞窺			稜 累思					
								娷 恚竹	

續表

韻			
支第五	岥匹支　齜側宜	右清聲	移弋支　彌武移　馳直離　提是支　離呂支　隋悅吹　爲遠支　糜靡爲　鬌直垂　埀是爲，垂同　羸力爲
紙第四	扯側氏　破匹靡　諀匹婢		酏移爾　豸池爾　是承紙，氏音同　邐力紙　菨羊捶　蔿韋委　靡支彼　菙時髓　絫力委，累同　渳綿婢，弭音同
寘第五	柴爭義　譬匹賜		易以豉　豉是義　詈力智　瓗以睡　爲于僞　睡是僞，瑞音同　累良僞

續表

韻	字
支第五	隨 旬爲，隋音同；祇 巨支；奇 渠羈；宜 魚羈；危 魚爲；陴 符支；皮 符羈；兒 汝移；痿 人垂；疵 疾移；蘬 士宜
紙第四	猗 隨婢；技 渠綺；跪 渠委；螘 魚倚；硊 魚毀；被 皮彼；婢 便俾；爾 兒氏；蘂 如累；惢 才捶；舓 神帋；狔 女氏
寘第五	芰 奇寄；議 宜寄，義音同；僞 危睡；髲 平義；避 毗義；枘 而瑞；漬 疾智；諉 女恚；縋 地僞

右濁聲

五支○爲，遠支切； 張本、曹本薳支切，今從明本、顧本。 遠薳聲同類，二字皆可用，然必由遠改爲薳，疑遠與爲聲不同類，故改之耳。 此韻埀字是爲切，提字是支切，則爲與支韻不同類，爲字切語用支字，此其偶疏也。○隨，旬爲切，此韻虧字去爲切，闚字去隨切，則隨與爲韻不同類，隨字切語用爲字，亦其疏也。○奇，渠羈切，曹本渠基切，誤也。 基字在七之。○兒，汝移切，明本、顧本汝姼切，移姼韻同類，但切語無用僻字者，姼字誤也。○卑，府移切，《廣韻》卷一之末，新添類隔今更音和切，有卑字必移切。類隔者，古音之遺，後人不解古音，謂之類隔。 詳見通論。 凡《廣韻》卷末云「新添類隔今更音和切」者，後不復載。 徐鉉補移切，亦所謂音和也，《廣韻》猶存類隔古音，則《唐韻》必未改爲音和，蓋徐鉉所改歟。○知，陟離切，徐鍇直離反，與馳字直離切同，誤也。○此韻末有騹字子垂切，與劑字遵爲切音同，增加字也，今不録。○又有齹字士宜切，二徐楚宜切。 此韻差字楚宜切下亦有齹字，此齹字士宜切別在韻末，蓋增加字，二徐據《切韻》《唐韻》無此音也。 但此韻別無與士宜切音同之字，此齹字雖增加，無害於本書之例，故仍録之。 四紙○彼，甫委切，徐鉉補委切，甫委類隔，補委音和，蓋徐鉉所改。○綺，墟彼切，此韻技字渠綺切，跪字渠委切，則綺與委韻不同類。 彼字甫委切，綺既與委韻不同類，則亦與彼韻不同類，綺字切語用彼字，亦其疏也。○蘂，如累切，明本、顧本如壘切，誤也。 壘字在五旨。○躧，所綺切，明本、顧本所徙切，誤也。《集韻》所綺切，可證。○㱟，匹靡切，明本、顧本匹美切，誤也。 美字在五旨。○此韻末有企跂二字，丘弭切，與跬字丘弭切同，二字皆又見五寘，此增加字也，今不録。

五寘○避，毗義切。此韻恚字於避切，縊字於賜切，則避與賜韻不同類，賜字斯義切，避既與賜韻不同類，則亦與義韻不同類。避字切語用義字，亦其疏也。○臂，卑義切，與賁字彼義切音同，然臂字非增加，蓋無同類之韻，故切語借用義字也。○縋，地僞切，《廣韻》諸本馳僞切，今從徐鍇。徐鉉特僞切，特地聲同類，地僞特僞皆類隔，馳僞音和，此蓋二徐據《切韻》《唐韻》而未改者。○此韻有倚輢陭三字，於義切，與縊字於賜切音同，倚輢二字又已見四紙，此雖不在韻末，亦增加字也，今不録。○韻末有䮴翨二字，居企切，與寄字居義切音同，翨又已見此韻，此增加字也，今不録。○又有檹掎二字，卿義切，明本、顧本、曹本鄉義切，誤也。《集韻》卿義切，可證。然卿義切與企字去智切音同，掎又已見四紙，此增加字也，今不録。

脂第六	旨第五	至第六	
脂旨夷　錐職追，隹音同	旨職雉	至脂利	
師疏夷　衰所追		帥所類	
咨即夷，資音同　嶉醉綏	姊將几　濢遵誄	恣資四　醉將遂	

續表

韻									
脂第六	飢 居夷，肌音同 龜 居追	鴟 處脂 推 春隹	絺 丑飢	郪 取私	私 息夷 綏 息遺	尸 式脂	伊 於脂	胝 竹尼 追 陟隹	悲 府眉
旨第五	几 居履 軌 居洧 癸 居誄		𡳐 楮几	趡 千水	死 息姊	矢 式視 水 式軌	歖 於几	黹 豬几	匕 卑履 鄙 方美
至第六	冀 几利 媿 俱位，愧同 季 居悸	痓 充自 出 尺類	屎 丑利	次 七四 翠 七醉	四 息利 邃 雖遂	屍 矢利 𤵸 釋類	懿 乙冀	致 陟利 轛 追萃	痹 必至 祕 兵媚

續表

脂第六		咦喜夷	紕匹夷			右清聲	姨以脂，夷音同	呲房脂	茨疾資
	丕敷悲	倠許維		巋丘追			惟以追，維遺音同	邳符悲	
旨第五								牝扶履	
			嚭匹鄙	巋丘軌			唯以水	否符鄙	[illegible]徂累
		瞲火癸							
至第六		齂虛器	屁匹寐	器去冀			肄羊至	鼻毗至	自疾二
		豷許位	濞匹備	喟丘愧	[illegible]楚愧		遺以醉	備平祕	萃秦醉
		瞲香季		棄詰利					

續表

韻	字
脂第六	尼（女夷） 墀（直尼） 鬐（渠脂） 棃（力脂） 狋（牛肌） 鎚（直追） 逵（渠追） 纍（力追） 蕤（儒隹） 眉（武悲） 誰（視隹） 帷（洧悲） 葵（渠追）
旨第五	柅（女履） 雉（直几） 跽（暨几） 履（力几） 視（承矢） 兕（徐姉） 郈（暨軌） 壘（力軌，誄音同） 蕊（如壘） 美（無鄙） 洧（榮美） 揆（求癸）
至第六	膩（女利） 緻（直利） 臮（具冀） 利（力至） 二（而至） 寐（彌二） 嗜（常利） 劓（魚器） 地（徒四） 示（神至） 墜（直類） 匱（求位） 類（力遂） 郿（明祕，媚音同） 位（于愧） 遂（徐醉） 悸（其季）

右濁聲

六脂〇尸，式脂切，《廣韻》諸本式之切，誤也。之字在七之，今從二徐。〇葵，渠追切。此韻已有逵字渠追切，葵字不當又渠追切也。《玉篇》《類篇》《集韻》逵葵皆不同音，則非傳寫誤分，實以葵字無同類之韻，故切語借用不同類之追字耳。〇綏，息遺切，徐鍇息移反，誤也。移字在五支。〇誰，視隹切，明本、顧本視規切，誤也。規字在五支。徐鉉示隹切，示蓋市之誤。徐鍇市隹反，視市聲同類。〇推，春隹切，《廣韻》諸本叉隹切，今從徐鍇。十五灰推，他回切，又昌隹切。春昌二字聲同類，可證春字是也。〇胝，竹尼切，《廣韻》諸本丁尼切，今從徐鉉。竹尼類隔，丁尼音和，此徐鉉據《唐韻》，有古音之遺也。〇巋，丘追切，曹本立追切，誤也。《集韻》丘追切，可證。

五旨〇視，承矢切，明本、顧本承豕切，誤也。豕字在四紙。〇鄙，方美切，徐鉉兵美切。方美類隔，兵美音和，蓋徐鉉所改。〇壘，力軌切，徐鉉力委切，誤也。委字在四紙。〇嶵，徂累切，累字在四紙，蓋壘字之誤。〇癸，居誄切，此韻揆字求癸切，鄗字暨軌切，求與暨聲同類，則癸與軌韻不同類。誄字力軌切，癸既與軌韻不同類，則亦與誄韻不同類，癸字切語用誄字，此其疏也。徐鍇居累反，尤誤。累字在四紙。〇瞲，火癸切；明本、顧本、曹本作瞲。《玉篇》瞲，許癸切；瞲，丑戹切。火許聲同類，則此當作瞲。六至瞲香季切，亦當作瞲，香許聲同類也。〇此韻末有跡字，止姉切，與旨字職雉切音同，增加字也，今不録。

六至〇帥，所類切，明本、顧本所類切，誤也。類字在十八隊。〇喟，丘愧切，徐鍇丘貴反，誤也。

貴字在八未。○豷，許位切，徐鉉許利切，與齂字虛器切音同，誤也。○棄，詰利切，與器字去冀切音同，然棄字非增加，疑利字當作季，或當作悸，然二徐皆詰利切，所未詳也。○此韻末有侐字火季切，與瞲字香季切音同，侐字又見二十四職，此增加字也，今不錄。

之第七	之 止而	思 息兹	輜 楚持	詩 書之	欺 去其	姬 居之	菑 側持
止第六	止 諸市	枲 胥里	剩 初紀	始 詩止	起 墟里	紀 居理，己音同	滓 阻史
志第七	志 職吏	笥 相吏	廁 初吏	試 式吏	亟 去吏	記 居吏	胾 側吏

續表

之第七	僖 其許	醫 其於	癡 之丑	蚩 之赤	玆 之子			
止第六	喜 里虛	譩 擬於	恥 里敕	齒 里昌	子 里即	徵 里陟	史 士疎	
志第七	憙 記許	意 記於	眙 吏丑	熾 志昌		置 吏陟	駛 吏疎	胾 吏七

續表

右清聲

之第七	飴 與之	時 市之	疑 語其	其 渠之	而 如之	詞 似茲	釐 里之	治 直之，持音同
止第六	以 羊己	市 時止	擬 魚紀		耳 而止	似 詳里	里 良士，理音同	峙 直里
志第七	異 羊吏	侍 時吏	魕 魚記	忌 渠記	餌 仍吏	寺 祥吏	吏 力置	值 直吏

續表

之第七	慈疾之	漦俟甾	
止第六	士鉏里	矣于紀	伱乃里
志第七	字疾置	事鉏吏	

右濁聲

七之○此韻末有茬字，士之切，曹本七之切，七字乃士字之誤也。士之切與漦字俟甾切音同，茬字又已見甾字側持切下，此增加字也，今不録。徐鍇茬漦並俟之反，則似非增加，然亦足證此二字不當分兩切矣。○又有抾字丘之切，與欺字去其切音同，增加字也，今不録。抾字又見欺字下注云：又丘之切。此更因韻末丘之切而誤，當作又丘居切也。《玉篇》抾字丘之、丘居二切。○又有眹字，式

其切，與詩字書之切音同，亦增加字，今不録。

六止〇史，踈士切，明本、顧本踈事切，誤也。事字在去聲七志。〇此韻有俟竢涘騃𠩺䅶𢓊七字，牀史切；在士仕柹戺𨚍五字鉏里切之下，十二字相連，鉏里、牀史音又同，此亦誤分兩切也。《爾雅·釋詁》釋文：竢音仕字，又作𢓊，亦作𨚍，音同。是此數字同一音之證。《玉篇》士涘並事几切，亦可證《廣韻》分兩切之誤。《集韻》《切韻指掌圖》《通志·七音略》皆沿《廣韻》之誤，惟《五音集韻》士𢓊同音不誤耳。徐鉉士仕柹三字鉏里切，俟竢涘䅶四字牀史切，與《廣韻》同，則《唐韻》已分兩切。然𨚍字牀史切，則與《廣韻》異也。

七志〇駛，明本、顧本作駛，《說文新附》及《集韻》亦皆作駛，《玉篇》則作駛，未詳孰是。

微第八	尾第七	未第八
微 無非	尾 無匪	未 無沸，味音同
幃 雨非，韋音同	韙 于鬼，偉音同	胃 于貴
肥 符非	膹 浮鬼	䦜 扶沸
巍 語韋	顗 魚豈	魏 魚貴
祈 渠希		𨢛 其既
沂 魚衣[三]		毅 魚既，豙音同

續表

韻	右濁聲	右清聲					
微第八		揮 許歸	霏 芳非	斐 甫微，非音同	威 於非	歸 舉韋	蘬 丘韋
		希 香衣			依 於希，衣音同	機 居依	
尾第七		虺 許偉	斐 敷尾	匪 府尾	磈 於鬼	鬼 居偉	豈 祛豨
		豨 虛豈			扆 於豈	蟣 居豨	[illegible] 丘畏
未第八		諱 許貴	費 芳未	沸 方味	尉 於胃，畏音同	貴 居胃	氣 去既
		欷 許既			衣 於既	既 居豙	

八微〇幃，雨非切，徐鉉許歸切，與揮字許歸切同，誤也。

八未〇費，芳味切，徐鍇房未反，與闠字扶沸切音同。徐鉉居未切，居字亦房字之誤。《廣韻》費字亦有二音，其又一音房未切也。〇闠，扶沸切，《廣韻》諸本皆扶涕切，誤也。涕字在十二霽，今從徐鍇。〇既，居豙切，二徐居未切，與貴字居胃切音同，誤也。

魚第九	魚 居語	渠 魚强	余 諸以	鉏 魚士	徐 魚似	臚 居力	除 魚直
語第八	語 巨魚	巨 呂其	與 呂余	齟 呂牀	敘 呂徐	呂 舉力	佇 呂直
御第九	御 倨牛	遽 據其	豫 羊洳，預音同	助 據牀	屍 預徐	慮 倨良	箸 倨遲

續表

韻		右濁聲	
魚第九	如 人諸　蜍 署魚　袽 女余		初 楚居　書 傷魚　居 九魚
語第八	汝 人渚　野 承與　女 尼呂　咀 慈呂　紓 神與		楚 創舉　暑 舒呂　舉 居許
御第九	洳 人恕　署 常恕　女 尼據		楚 瘡據　恕 商署　據 居御，倨音同

續表

魚第九	胥 相居	疽 七余	攄 丑居	疏 所葅	虛 朽居	於 央居	豬 陟魚	諸 章魚	且 子魚
語第八	諝 私呂	⿰月皮 七與	楮 丑呂	所 疎舉	許 虛呂	扵 於許		鬻 章與，渚音同	苴 子與
御第九	絮 息據	覷 七慮	絮 抽據	疏 所去	噓 許御	飫 依倨	著 陟慮	翥 章恕	怚 將預

續表

魚第九	虛去魚　葅側魚，葅同	右清聲
語第八	去羌舉　阻側呂　杵昌與　貯丁呂	
御第九	㰦丘倨，去音同　詛莊助　處昌據	

九魚〇疏，所葅切，曹本所逋切，誤也。逋字在十一模。

八語〇野，承與切，明本、顧本神與切，與紓字神與切同，誤也。〇苴，子與切，明本子余切，又子與切，二切誤倒。

九御〇㰦，丘倨切，張本、曹本近倨切，誤。今從明本、顧本。《集韻》丘據切，可證丘字是也。〇疏，所去切，徐鍇疎倨反，誤也，疎與疏同。

虞第十	虞 遇俱，隅音同	無 武夫	于 羽俱	衢 其俱	儒 人朱	殊 市朱	逾 羊朱，俞音同	慺 力朱	扶 防無	翵 仕于
麌第九	麌 虞矩	武 文甫	羽 王矩，禹雨音同	窶 其矩	乳 而主	豎 臣庾	庾 以主	縷 力主	殳 扶雨	⿰豸聚 雛禹
遇第十	遇 牛具	務 亡遇	芋 王遇	懼 其遇，具音同	孺 而遇	樹 常句	裕 羊戍	屢 良遇	附 符遇	

續表

虞第十	廚直誅	右濁聲	芻測隅 訏況于 須相俞 株陟輸，誅音同 貙敕俱 區豈俱 朱章俱
麌第九	柱直主 聚慈庾		詡況羽 繻相庾 拄知庾 齲驅雨 主之庾
遇第十	住持遇 堅才句		菆芻注 昫香句 尠思句 註中句 閏丑注 驅區遇 注之戍

續表

虞第十	趨七逾	傷莊俱	敷芳無	諏子于	跗甫無，夫音同	紆憶俱	輸式朱	樞昌朱	拘舉朱，俱音同	毹山芻
麌第九	取七庾		撫芳武		甫方矩	傴於武			矩俱雨	數所矩
遇第十	娶七句		赴芳遇	緅子句	付方遇	嫗衣遇	戍傷遇		屨九遇，句音同	捒色句

右清聲

十虞〇芻，測隅切，明本、顧本側隅切，與㑳字莊俱切音同，誤也。〇毹，山芻切，明本、顧本由芻切，與逾字羊朱切音同，誤也。

九麌〇撫，芳武切，明本、顧本方武切，與甫字方矩切音同，誤也。〇頨，相庾切，徐鍇相與反，誤也。與字在八語。

十遇〇附，符遇切，曹本符御切，誤也。御字在九御。〇閏字《集韻》《類篇》同，明本、顧本、曹本及《玉篇》皆作閏，未詳孰是。

模第十一	姥第十	暮第十一	
模 莫胡	姥 莫補	暮 莫故	
酺 薄胡	簿 裴古	捕 薄故	
胡 户吳，乎音同	户 侯古	護 胡誤	
徒 同都	杜 徒古	渡 徒故	
奴 乃都	怒 奴古	笯 乃故	

續表

模第十一	吾五乎，吳音同　盧落胡　徂昨胡	**右濁聲**	孤古胡，姑音同　呼荒烏　租則吾　蘇素姑　烏哀都
姥第十	五疑古　魯郎古　粗徂古		古公户　虎呼古　祖則古　隖安古
暮第十一	誤五故　路洛故　祚昨誤		顧古暮，故音同　謼荒故　作臧祚　訴桑故　汙烏路

續表

模第十一	逋 孤博	枯 胡苦	麤 胡倉	瑹 胡他	都 孤當	䅬 胡普
姥第十	補 古博	苦 杜康	蔖 古采	土 魯他	覩 古當	普 古滂
暮第十一	布 故博	絝 故苦	厝 故倉	菟 故湯	妒 故當	怖 故普

右清聲

十姥〇普，滂古切，明本、顧本、曹本傍古切，與簿字裴古切音同，誤也。

齊第十二	薺第十一	霽第十二	
齊 徂奚	薺 徂禮	嚌 在詣	
黎 郎奚	禮 盧啟	麗 郎計，戾音同	
嗁 杜奚	弟 徒禮	第 特計	
奚 胡雞，兮音同　攜 戶圭	徯 胡禮	蒵 胡計　慧 胡桂，惠音同	
倪 五稽	堄 研啟	詣 五計	
鼙 部迷	陛 傍禮	薜 蒲計	
迷 莫兮	米 莫禮	謎 莫計	
泥 奴低	禰 奴禮	泥 奴計	
臡 人兮			
移 成臡			

續表

齊第十二	右濁聲	妻 七稽	低 都奚	豍 邊兮	雞 古奚，稽音同	鷖 烏奚	醯 呼雞	西 先稽	梯 土雞
					圭 古攜	烓 烏攜	眭 呼攜		
薺第十一		泚 千禮	邸 都禮	鞞 補米		吟 烏弟		洗 先禮	體 他禮
霽第十二		砌 七計	帝 都計	閉 博計	計 古詣	翳 於計	欳 呼計	細 蘇計	替 他計
					桂 古惠		嘒 呼惠		

續　表

齊第十二	薺第十一	霽第十二	
磇匹迷	頼匹米	媲匹詣	
齎祖雞	濟子禮	霽子計	
谿苦奚	啟康禮	契苦計	
睽苦圭		遾丑戾	

右清聲

十二齊〇磇，匹迷切，明本、顧本匹支切，誤也。支字在五支。〇齎，祖雞切，《廣韻》諸本皆相稽切，與西字先稽切音同，誤也。今從徐鉉。〇睳，呼攜切，明本、顧本作眭，呼槜切，誤也。此字訓目瞢。《玉篇》睳，呼圭切，目瞢；眭，胥規切，又下圭切，目深惡皃。《集韻》睳，翾畦切，目瞢；眭，扶畦切，深目皃。此韻有眭字，户圭切，目深惡皃，則此呼攜切訓目瞢者當作睳也。槜在支韻，乃攜字之誤也。

十一齊〇徯，明本、顧本作傒，誤。《玉篇》徯在彳部。

十二霽〇薛，蒲計切，曹本浦計切，與媲字匹詣切音同，誤也。

祭第十三								
祭 子例		制 征例	㡜 所例		㿃 竹例	世 舒制		蔽 必袂
蕝 子芮	歲 相銳	贅 之芮	啐 山芮	毳 此芮	綴 陟衛	稅 舒芮	橇 楚稅	

祭第十三	猘居例，罽音同 掣尺制 緆於罽 憩去例 跇丑例 潎匹蔽 劌居衛	右清聲	曳餘制 衛于劌 芮而銳 銳以芮

續表

祭第十三	獘 祭毗	簭 歲祥	袂 弊彌	逝 制時 啜 芮甞	藝 祭魚	滯 例徒	例 制力	偈 憩其 ⿰金芮 芮除[四]	右濁聲

十三祭〇綴，陟衛切，徐鍇直衛反，與鐳字除芮切音同，誤也。〇滯，徒例切，張曹二本直例切，今從明本、顧本。徒例類隔，直例音和也。〇此韻末有剌字牛例切，與藝字魚祭切音同，增加字也。明本、顧本剌上有劓字，劓字已見六至，亦增加字也。今皆不録。〇又有綣字丘吠切，餯字呼吠切，吠字在二十廢，此廢韻增加字，誤入此韻。《集韻》綣餯在廢韻可證也，今不録。〇明本、顧本又有題字獨計切，計字在十二霽，霽韻已有題字，又誤增入此韻也，今不録。〇又有渫字匹世切，與潎字匹蔽切音同，增加字也，今不録。〇又有矙字音例，《廣韻》字音皆用切語，無音某之文，且音例則當在例字下，不當别出在韻末，此增加之最顯者，今不録。

		泰第十四	
		泰他蓋，太音同	娧他外
		蓋古太	儈古外
		藹於蓋	懀烏外
		帶當蓋	祋丁外

續表

泰第十四	貝 蓋博	霈 蓋普		餀 艾呼	磕 蓋苦		蔡 大倉	右清聲	艾 蓋五
			最 外祖	譢 會呼	檜 會苦	䃣 外先	襊 最麤		外 會五

續表

韻	字	聲
泰第十四	奈奴帶 大徒蓋 害胡蓋 賴落蓋 旆蒲蓋 眛莫貝 兑杜外 會黃外 酹郎外 蕞才外	右濁聲

十四泰〇會，黃外切，明本、顧本呼外切，與譏字呼會切音同。呼字蓋乎字之誤或胡字之誤。〇

祋，丁外切，明本、顧本涑外切，丁涑聲同類，但切語罕用涑字耳。○蕞，才外切，明本、顧本祖外切，與最字祖外切同。祖字蓋徂字之誤。○此韻末有䁓字七外切，與襊字麤最切音同。增加字也，今不録。明本、顧本作䁓，尤非。《集韻》《類篇》並作䁓。

佳第十三	蟹第十二	卦第十五	
佳 古膎	解 佳買	懈 古隘	
娃 於佳	矮 烏蟹	隘 烏懈	
	芐 苦蟹	𡣋 苦賣	
釵 楚佳		差 楚懈	
睯 火佳		謑 火懈	
崽 山佳	灑 所蟹	曬 所賣	
扠 丑佳			
媧 古蛙，緺音同	𦫳 乖買	卦 古賣	
蛙 烏媧			
咼 苦緺			
竵 火媧		諣 呼卦	

續表

韻		右清聲	
佳第十三			㥘 戶佳，嗘音同　牌 薄佳　柴 士佳　鼃 戶媧
蟹第十二	擺 北買		蟹 胡買　罷 薄蟹
卦第十五	[厂山辛] 方賣　債 側賣　膪 竹賣　庍 方卦　派 匹卦		邂 胡懈　[疒+柴] 士懈　畫 胡卦　粺 傍卦

續表

韻					
佳第十三	䍲 妳佳	崖 五佳	⿰目買 莫佳		
蟹第十二	嬭 奴蟹		買 莫蟹	豸 宅買	箉 求蟹
卦第十五		睚 五懈	賣 莫懈		

右濁聲

十三佳〇竵，火媧切，徐鍇苦媧反，與咼字苦緺切音同。《玉篇》竵呼鼃切，火呼聲同類，可證火字是也。《集韻》空媧切，苦空聲同類，則與徐鍇音同。〇鼃，户媧切，徐鍇於佳反，與娃字於佳切同。徐鉉烏媧切，與蛙字烏媧切同。《廣韻》蛙字烏媧切下已有鼃字，此鼃字户媧切，别在韻末。蓋增加字

也。以其無害於本書之例，故録之。

十二蟹○𦬁，明本、顧本、曹本作艼，《集韻》作𦬁，未詳孰是。○《廣韻》豸字在廌字下注云：「上同。」其獬字下云：「《字林》《字様》俱作解廌，陸作獬豸也。」據此則陸氏書有豸無廌，故今録豸字。○擺，北買切，明本顧本比買切，誤。《玉篇》《集韻》補買切，北補聲同類，可證北字是也。○𦬂，乖買切，與解字佳買切音同，且在韻末，似是增加字。然此是媧字卦字之上聲，以此韻無同類之字，故切語亦用買字耳。○此韻末又有夥字懷𦬂切，而𦬂字切語不用之，且又見三十四果，此乃增加字也。今不録。○又有拏字丈夥切，扮字花夥切，夥字既是增加字，而此二字切語用之，亦增加字也。今不録。明本、顧本、曹本拏字交夥切，尤誤。《集韻》杜買切，丈杜聲同類，可證丈字是也。

十五卦○卦，古賣切，此韻庍字方卦切，𡾰字方賣切，則卦與賣韻不同類，卦字切語用賣字，此其疏也。徐鉉古壞切亦疏。壞字在十六怪。○賣，莫懈切，明本、顧本莫獬切，誤也。獬字在十二蟹。○瘵，士懈切，張本、曹本七懈切，誤。今從明本、顧本。《集韻》仕懈切，士仕音同，可證士字是也。○𩬊，苦賣切，明本、顧本苦買切，誤也。買字在十二蟹。

皆第十四	皆古諧　揌乙諧　揩口皆　差楚皆　俙喜皆　齋側皆　蘇卓皆　崽山皆　搋丑皆 乖古懷　匯苦淮　虺呼懷
駭第十三	挨於駭　楷苦駭
怪第十六	誡古拜，戒界介音同　噫烏界　欬苦戒　譮許介　瘵側界　鎩所拜　㩙布戒，拜同　湃普拜 怪古壞　蒯苦怪　諙火怪

右清聲

續表

皆第十四	諧 皆户	排 皆步	豺 皆士		埋 皆莫	唻 諧賴	握 皆諾	霥 皆擬	
	懷 户乖，淮音同		膗 懷仕	膭 懷杜		膘 懷力			
駭第十三	駭 楷侯							騃 駭五	
怪第十六	械 介胡	犕 拜蒲[五]			昒 拜莫			睚 介五	褹 介女
	壞 怪胡							聵 怪五	

右濁聲

十四皆〇此韻末有崴磈䰎溾四字，乙皆切，與挨字乙諧切音同，增加字也。今不錄。《玉篇》《類篇》《集韻》崴烏乖切，實與挨不同音。此乙皆切又增加者之疏也。〇㩼，諾皆切。《廣韻》諸本諧皆切，諧皆疊韻，不可爲切語。《切韻指掌圖》「類隔更音和」一條，内有㩼字諾皆切，諧字乃諾字之誤。此吾友鄒特夫所校。

十六怪〇拜，拜同布戒切，張本、曹本及二徐皆博怪切，誤也。戒，古拜切，是拜戒韻同類。今從明本、顧本。〇此韻末有顡字他怪切，又云：「《説文》五怪切。」明本、顧本五怪切，又辿怪切。五怪切與聵字音同，顡字又已見八未，此增加字也。今不錄。他怪、辿怪二切可疑，《集韻》迍怪切亦可疑，未詳孰是。

夬第十七	夬古邁　快苦夬　䵳烏快　嘬楚夬　蠆丑介

夬第十七	咶夬火 敗邁補 啐夬蒼	**右清聲**	邁話莫 話快下 敗邁薄 𧸖邁除 寨夬犲	**右濁聲**

十七夬〇夬，古邁切。《廣韻》諸本古賣切，誤也。賣字在十五卦。今從徐鍇。〇話，下快切，徐鉉胡怪切，誤也。怪字在十六怪。〇蠆，丑介切，《廣韻》諸本丑犗切，今從徐鍇。徐鉉丑芥切，介芥音同。《玉篇》亦丑介切，介字在十六怪。蓋此韻犗⿰衤害⿰衤盍喝餲嗄⿰食亥欬⿰言萬⿰貝害叡，皆增加字。蠆字無同類之韻，故借用介字，後人增犗字，乃改爲丑犗切耳。〇此韻末有喝餲嗄⿰食亥欬五字，於犗切，犗字既是增加字，而此切語用之，喝又見十二曷，餲又見十三祭，⿰食亥又見十九代，嗄又見四十禡，此皆增加字也。今不録。明本、顧本於戒切，戒字在十六怪。〇又有犗⿰衤害二字，明本、顧本⿰衤害下有⿰衤盍字，古喝切。喝字既是增加字，而此切語用之，亦增加字也。今不録。〇又有⿰口冊字所犗切，犗字既是增加字，而此切語用之，亦增加字也。今不録。〇又有⿰言萬⿰貝害二字，火犗切，明本、顧本呼喝切，曹本許介切；又有叡字，何犗切，明本、顧本何喝切；喝犗二字既是增加字，而此三字切語用之，亦增加字也。介字則在十六怪，今皆不録。

灰第十五	賄第十四	隊第十八	
灰 呼恢　恢 苦回　隈 烏恢	賄 呼罪　⿺鬼頁 口猥　猥 烏賄	誨 荒内　塊 苦對　尯 烏繢	

續表

灰第十五	傀 公回	崔 倉回	磓 都回	膗 素回	桮 布回，杯同	肧 芳杯	⿰車隹 他回	嗺 臧回		
賄第十四		皠 七罪	⿰月鬼 都罪				骽 吐猥	摧 子罪	鬌 陟賄	
隊第十八	憒 古對	倅 七内	對 都隊	碎 蘇内	背 補妹		退 他内	晬 子對		配 滂佩

右清聲

續表

韻	字
灰第十五	回户恢　枚莫杯　雷魯回　穨杜回　摧昨回　裴薄回　鮠五灰　㥞乃回
賄第十四	瘣胡罪　浼武罪　磥落猥　錞徒猥　辠徂罪，同賄　琲蒲罪　頠五罪　餧奴罪　倄于罪
隊第十八	潰胡對，繢音同　妹莫佩，昧音同[六]　纇盧對　隊徒對　佩蒲昧　磑五對　内奴對

右濁聲

十五灰○肧，芳杯切，徐鉉匹梧切。芳杯類隔，匹梧音和，蓋徐鉉所改。○嶉，臧回切，明本、顧本、曹本藏回切，與摧字昨回切音同，誤也。

十八隊○隊，徒對切，徐鍇徒計切，誤也。計字在十二霽。○倅，七内切，張本、曹本士内切，誤也。今從明本、顧本。《玉篇》倉憒切，《集韻》取内切，七倉取聲同類，可證七字是也。○退，他内切，明本、顧本他外切，誤也。外字在十四泰。○憒，古對切，徐鉉胡對切，與潰字胡對切同。《集韻》憒字有二音，其一音亦胡對切。○塊，苦對切，明本君對切，與憒字古對切音同，誤也。○此韻末有蚚字胡輩切，與潰字胡對切音同。蚚字又見八微，此增加字也。今不録。

咍第十六	海第十五	代第十九	
咍 呼來	海 呼改	儗 海愛	
開 苦哀	愷 苦亥	慨 苦溉	
哀 烏開	欸 於改	愛 烏代	
該 古哀	改 古亥	溉 古代，槩音同	

韻	清聲		濁聲
咍第十六	裁(祖才，哉音同) 猜(倉才) 胎(土來) 鰓(蘇來) ⿰黑臺(丁來) 懤(昌來) 婄(普才)	右清聲	臺(徒哀) 裁(昨哉，才音同)
海第十五	宰(作亥) 采(倉宰) ⿰口臺(他亥) 等(多改) 茝(昌紿) 啡(匹愷)		駘(徒亥，紿音同) 在(昨宰)
代第十九	載(作代) 菜(倉代) 貸(他代) 賽(先代) 戴(都代)		代(徒耐) 載(昨代)

續表

咍第十六	來 哀落	焙 來扶	孩 來户	皚 來五	能 來奴				
海第十五	釟 改來		亥 改胡		乃 亥奴	穤 亥莫	疓 亥如	腆 改與	倍 亥薄
代第十九	賚 代洛		瀣 槩胡	儗 溉五	耐 代奴	穤 代莫			

右濁聲

十六咍〇徐鍇《篆韻譜》以開字標目，《說文》無咍字，故用開字耳。

十五海〇啡，匹愷切，明本、顧本匹⿰亻豈切，誤也。此韻無⿰亻豈字。〇疓，如亥切。曹本奴亥切，與乃字奴亥切同，誤也。〇此韻末有俖朏二字，普乃切，與啡字匹愷切音同。朏又已見七尾，此增加字也。今不録。〇又有佁字夷在切，與䐐字與改切音同，增加字也。今不録。䐐字亦在韻末，蓋亦增加字耳。

十九代〇慨，苦溉切。《廣韻》諸本苦蓋切，徐鉉古溉切，蓋字在十四泰，古溉二字雙聲，不可爲切語。《廣韻》蓋字，誤。徐鉉古字，誤也。今定爲苦溉切。

	廢第二十		
	廢 方肺		
	肺 芳吠		
	穢 於廢		
	喙 許穢		
	右清聲		

續表

廢第二十	吠 符廢　衝 渠穢　刈 魚肺	**右濁聲**

二十廢〇肺，芳吠切。《廣韻》諸本方廢切，誤也。廢，方肺切，方廢雙聲，不可爲切語。今從徐鉉。

真第十七	真 側鄰　獜 丑人　因 於真　礥 於巾　贇 於倫
軫第十六	𣶏 丑忍
震第二十一	疢 丑刃　印 於刃
質第五	抶 丑栗　一 於悉　乙 於筆

續表

真第十七	新 息鄰	親 七人	申 失人	賓 必鄰 彬 府巾	珍 陟鄰	津 將鄰	瞋 昌真	繽 匹賓	巾 居銀 麏 居筠	囷 去倫
軫第十六		笉 七忍	弞 式忍			榼 即忍			緊 居忍	
震第二十一	信 息晉	親 七遴	眒 試刃	儐 必刃	鎮 陟刃	晉 即刃				菣 去刃
質第五	悉 息七	七 親吉	失 式質	必 卑吉，畢音同 筆 鄙密	窒 陟栗 茁 徵筆	堲 資悉	叱 昌栗	匹 譬吉	吉 居質 暨 居乙	詰 去吉

續表

韻			
真第十七		**右清聲**	辰（植鄰） 仁（如鄰，人音同） 神（食鄰）
軫第十六	軫（章忍）		腎（時忍） 忍（而軫）
震第二十一	震（章刃，振音同） 衅（許覲） 櫬（初覲） 宂（撫刃）		慎（時刃） 刃（而振）
質第五	質（之日） 欯（許吉） 肸（羲乙） 刹（初栗） 率（所律） 蛭（丁悉）		日（人質） 實（神質）

續表

真第十七	礥 下珍	粦 力珍，鄰音同		陳 直珍	秦 匠鄰	寅 翼真	紉 女鄰	頻 符真		
			𥞾 巨巾					貧 符巾	銀 語巾	
										筠 工春
軫第十六		嶙 良忍		紖 直引	盡 慈忍	引 余忍		牝 毗忍	釿 宜引	
			窘 渠殞							殞 于敏
震第二十一		遴 良刃	僅 渠遴，觀音同	敶 直刃		胤 羊晉			憖 魚觀	
質第五		栗 力質		秩 直一	疾 秦悉	逸 夷質	暱 尼質	邲 毗必		
			姞 巨乙					弼 房密	耴 魚乙	颶 于筆

續表

真第十七	民彌鄰　珉武巾	
軫第十六	泯武盡　愍眉殞，敏音同	
震第二十一		賮徐刃
質第五	蜜彌畢　密美筆	䶵仕叱
右濁聲		

十七真○礥，下珍切。明本、顧本下憐切，又下珍切，兩切誤倒耳。○𥟖，巨巾切，明本、顧本巨斤切，誤也。斤字在二十一殷。○筠，王春切。《廣韻》諸本皆爲贇切，今從二徐。春字在十八諄，此蓋《切韻》《唐韻》之疏，而《廣韻》改之。今不改，以存其舊也。○贇，於倫切，倫字在十八諄，亦其疏也。

十六軫○笉，七忍切，張曹二本士忍切，誤也。《集韻》此忍切，七此聲同類，可證七字是也。

二十一震○儐，必刃切，明本、顧本必忍切，誤也。忍字在十六軫。○慎，時刃切，下有眘蜃二字，同此音。明本、顧本蜃上有圈，誤也。○朩，撫刃切[七]。張本、曹本及二徐並匹刃切。撫刃類

隔，匹刃音和。今從明本、顧本。〇此韻末有螼字羌印切，與菣字去刃切音同，增加字也。今不録。《集韻》菣、螼分兩切，亦沿《廣韻》而誤。〇又有㕙字九峻切，峻字在二十二稕，此稕韻增加字，誤入此韻也。《集韻》㕙在稕韻，可證。

五質〇一，於悉切，曹本於息切，誤也。息字在二十四職。〇詰，去吉切，明本、顧本脱。〇姞，巨乙切。徐鍇巨一反。《集韻》極又切，又字即乙字之誤，乙字是也。〇率，所律切，律字在六術，蓋以率字無同類之韻，故借用也。〇𪘲，仕叱切，二徐仕乙切。未詳孰是。〇密，美筆切，《廣韻》諸本皆美畢切，與蜜彌畢切音同，誤也。今從徐鍇。《玉篇》蜜彌畢切，密眉筆切，可證密與筆韻同類。徐鉉密美畢切，與《廣韻》同，則其誤已久。《集韻》遂以蜜密同一音矣。〇茁，徵筆切；肸，羲乙切；暨，居乙切；曹本皆脱。〇此韻末有獝字，況必切，與故許吉切音同，增加字也。今不録。

諄第十八	準第十七	稕第二十二	術第六
諄章倫	準之尹	稕之閏	
椿丑倫	偆癡準		黜丑律
荀相倫	筍思允	陖私閏，峻同	卹辛聿

續表

諄第十八	屯陟綸，迍音同　逡七倫　遵將倫　春昌脣　均居勻　砏普均	**右清聲**
準第十七	蠢尺尹　緊丘尹　賰式允	
稕第二十二	儁子峻　舜舒閏	
術第六	怵竹律　焌倉聿　卒子聿　出赤律　橘居聿　黜側律　狘許聿	

續表

諄第十八	⿰酉屯 直倫	純 常倫	犉 如匀	脣 食倫	淪 力迍，綸倫音同	鷷 昨旬	匀 羊倫	旬 詳遵
準第十七			蝡 而允	盾 食尹	輪 力準		尹 余準，允音同	
稕第二十二			閏 如順	順 食閏				殉 辭閏
術第六	朮 直律			術 食聿	律 呂邮	崒 慈邮	聿 餘律	

右濁聲

十八諄○鶽，昨旬切，明本昨回切，回字即旬字之誤。顧本昨匀切，旬匀韻同類，然匀字疑亦旬字之誤。○砏，普均切。張本、曹本普巾切，誤也，巾字在十七真。今從明本、顧本。○此韻末有趣字，渠人切，人字在十七真，趣字又見十七準，此真韻增加字，誤入此韻也。今不録。

十七準○此韻末有脪㾙二字，興腎切；螼㱿趣三字，弃忍切；濜字，鉏紖切[八]；辰字，珍忍切。腎紖忍三字皆在十六軫，此脪㾙諸字皆軫韻增加字，誤入此韻也。今不録。○又有𣯍字而尹切，與螾字而允切音同。二腫有𣭛氄二字即𣯍字，此𣯍字乃增加字也。今不録。徐鉉而尹切，徐鍇而允切，似所據《唐韻》《切韻》有此字，或螾字乃增加字歟？螾又見二十八獮。

六術○朮，直律切。徐鉉食聿切，《廣韻》又有朮字在術字食聿切下，與徐鉉音同。○珬，張曹二本誤作珬，从戎。今從明本、顧本，从戍。《玉篇》《集韻》皆从戍。「羅按：《玉篇》從戍，但《集韻》從戌，作珬。」○此韻末明本、顧本、曹本有崛字，魚勿切，勿字在八物。八物韻末已有崛字，而又誤增入此韻也。今不録。

臻第十九				櫛第七
臻 側詵　莘 所臻，詵音同				櫛 阻瑟　瑟 所櫛
右清聲				
榛 士臻				齜 崱瑟
右濁聲				

十九臻〇榛，士臻切。明本、顧本士秦切，誤也。秦字在十七真。曹本七臻切，七字即士字之誤。此字《集韻》作榛，鋤臻切，士鋤聲同類，可證士字是也。

		右濁聲	
文第二十	文無分　雲王分，云音同　汾符分　羣渠云		熅於云　分府文　薰許云
吻第十八	吻武粉　抎云粉　憤房吻　齳魚吻		惲於粉　粉方吻
問第二十三	問亡運　運王問　分扶問　郡渠運		醞於問　糞方問　訓許運
物第八	物文弗，勿音同　⿵風胃王勿　佛符弗　倔衢物　崛魚勿		鬱紆物　弗分勿　⿵風忽許勿

續表

文第二十	君舉云	芬撫文		
吻第十八		忿敷粉	趣丘粉	
問第二十三	攈居運			湓匹問
物第八	亥九勿	拂敷勿	屈區勿	
右清聲				

二十文○分，府文切。明本、顧本符文切，與汾字符分切音同，誤也。○芬，撫文切。張本、曹本府文切，與分字府文切同，誤也。今從明本、顧本。

八物○屈，區勿切。曹本區初切，誤。○佛，符弗切。二徐敷勿切，此韻彷佛之佛，敷勿切。《說文》佛，見不審也，即彷佛之佛，故二徐用佛字音耳。○颹，王勿切。曹本玉勿切，誤。《集韻》王勿切，可證。

殷第二十一	殷斤於 斤欣舉 欣斤許	右清聲	勤斤巨 ⿰斤虎斤語	右濁聲
隱第十九	隱謹於 謹隱居 ⿰虫憲謹休 ⿰角秦謹仄 赾謹丘 齔謹初		近謹其 听謹牛	
焮第二十四	億靳於 靳焮居 焮靳香		近靳巨 垽靳吾	
迄第九	訖乞居 迄訖許 乞訖去		趌迄其 疙迄魚	

二十一殷○張本、曹本殷作欣，宋人諱殷字改之也。今從明本、顧本。

二十四焮○近，巨靳切。徐鍇巨吝反，誤也。吝字在二十一震。○垽，吾靳切。明本、顧本居靳切，誤也。靳，居焮切，居靳雙聲，不可爲切語。

九迄○訖，居乙切。《廣韻》諸本居乙切，誤也。乙字在五質，今從徐鍇。○趌，其訖切。二徐魚訖切，與疙字魚迄切音同。《集韻》趌字亦有二音，其一音與疙同。

韻						
元第二十二	元 愚袁	袁 雨元	煩 附袁	樠 武元	言 語軒	腱 巨言
阮第二十	阮 虞遠	遠 雲阮	飯 扶晚	卷 求晚	晚 無遠	言 語偃	寋 其偃
願第二十五	願 魚怨	遠 于願	飯 符万	圈 臼万	万 無販	甗 語堰	健 渠建
月第十	月 魚厥	越 王伐	伐 房越	鱖 其月	韈 望發	钀 語訐	揭 其謁，竭音同

右濁聲

續表

元第二十二	飜 袁孚	暄 袁況	鴛 袁於			蕃 煩甫	
		軒 言虛	蔫 言謁	攑 言丘	攇 言居		
阮第二十		晅 晚況	婉 阮於	綣 阮去		反 遠府	
		幰 偃虛	偃 幰於	言 偃去	湕 偃居		
願第二十五	嬔 万芳	楥 願虛	怨 願於	券 願去	䜌 願居	販 願方	⿰⿱⺮貝攴 万叉
		獻 建許	堰 建於		建 万居		
月第十	怫 伐拂	颰 月許	⿸厂要 月於	闕 月去	厥 月居	髮 方伐，發音同	
		歇 竭許	謁 歇於		訐 竭居		

右清聲

二十二元〇元，愚袁切。徐鍇禹袁反，與袁字雨元切音同，誤也。

二十阮〇寋，其偃切。明本、顧本紀偃切，與湕字居偃切音同，誤也。

二十五願〇販，方願切。曹本方原切，誤。〇券，明本、顧本誤作劵。〇建，居万切。此韻健字渠建切，圈字臼万切，臼與渠字聲同類，則建與万韻不同類。建字切語用万字，此其疏也。〇䉵，叉万切。張本、曹本芳万切，與嬔字芳万切同，誤也。今從明本、顧本〇圈，臼万切。明本、顧本口万切，誤。《集韻》具願切，臼具聲同類，可證臼字是也。

十月〇鱖，其月切。徐鉉居月切，與厥字居月切同。《集韻》鱖字亦有二音，其一音與厥同。〇髮，方伐切。曹本亦伐切，誤。

魂第二十三	混第二十一	慁第二十六	没第十一
魂 户昆，渾音同	混 胡本	慁 胡困	搰 户骨
門 莫奔	懣 模本	悶 莫困	没 莫勃
存 徂尊	鱒 才本	鐏 徂悶	捽 昨没

續表

						右濁聲			
魂第二十三	屯 渾徒	僤 昆牛	盆 奔蒲	論 昆盧	黁 昆奴		昆 渾古	昷 渾烏	孫 渾思
混第二十一	囤 損徒		獖 本蒲	怨 本盧	炳 本乃		鯀 古本，衮音同	穩 本烏	損 本蘇
慁第二十六	鈍 困徒	顐 困五	坌 悶蒲	論 困盧	嫩 困奴		睔 困古	搵 困烏	巽 困蘇
没第十一	突 骨陀	兀 忽五	勃 没蒲	敕 没勒	訥 骨內		骨 忽古	頞 没烏	窣 骨蘇

續表

魂第二十三	尊昆祖	敦昆都	暾昆他	村尊此	奔昆博	坤昆苦	昏昆呼	濆魂普	
混第二十一	剸損茲		畽衮他	忖本倉	本忖布	閫本苦	緫本虚	栩本普	
慁第二十六	焌寸子	頓困都		寸困倉		困慁苦	惛慁呼	噴慁普	奔慁甫
没第十一	卒没臧	咄没當	宊骨他	猝没倉		窟骨苦	忽骨呼	誖没普	

右清聲

二十三魂○坤，苦昆切，曹本苦坤切，誤。

二十一混○本，布忖切。徐鍇蒲刌切，與獖字蒲本切音同，誤也。○劕，茲損切。明本、顧本慈損切，與鱒字才本切音同，誤也。

二十六慁○頓，都困切。徐鍇徒困反，與鈍字徒困切同，誤也。○鐏，徂悶切。明本、顧本祖悶切，與焌字子寸切音同，誤也。

十一没○訥，内骨切，明本、顧本脱。○卒，臧没切。曹本藏没切，與捽字昨没切音同，誤也。○鞁，勒没切。明本、顧本作𩊚，誤也。《集韻》作䩿，亦誤。曹本蒲没切，與勃字音同，亦誤。○此韻有宊字，土骨切，與宊字他骨切音同，雖不在韻末，亦增加字也。今不録。其字明本作宊，顧本、曹本作𡧿，未詳孰是。○又韻末有麧紇齕紇淈五字，下没切，與搰字户骨切音同。淈字已見此韻骨字下，紇齕二字已見十六屑，此增加字也。《通志·七音略》《切韻指南》並以痕很恨麧相承，則以麧爲痕字之入聲，然陸氏《切韻》無可考，今不録之，亦蓋闕之義也。

韻	濁聲	清聲
痕第二十四	痕恩戶　垠根五	根痕古　恩痕烏　吞根吐
很第二十二	很墾胡	頣很古　墾很康
恨第二十七	恨艮胡　饐恨五	艮恨古　䭃恨烏
	右濁聲	右清聲

寒第二十五	寒胡安　豻俄寒　難那干　壇徒干　殘昨干　蘭落干	**右濁聲**	單都寒　安烏寒
旱第二十三	旱胡笴　但徒旱　瓚藏旱　嬾落旱		亶多旱
翰第二十八	翰侯旰　岸五旰　攤奴案　憚徒案　巑徂贊　爛郎旰		旦得按　按烏旰，案音同
曷第十二	曷胡葛　嶭五割　捺奴曷　達唐割　巀才割　剌盧達　藒予割		怛當割　遏烏葛

續表

寒第二十五	餐 安七	灘 干他	跚 干蘇	干 寒古	看 寒苦	頇 干許	
旱第二十三		坦 但他	散 旱蘇	笴 旱古	侃 旱空	罕 旱呼	䰖 旱作
翰第二十八	粲 案蒼	炭 旦他	繖 旰蘇	旰 案古	侃 旰苦	漢 旰呼	贊 旰則
曷第十二	擦 曷七	闥 達他	躠 割桑	葛 割古 音達， 同	渴 曷苦	顅 葛許	

右清聲

二十五寒○餐，七安切。明本在安切，與殘字昨干切音同，誤也。○殘，昨干切，曹本時干切，誤。○此韻末有濡字，乃官切，官字在二十六桓，此桓韻增加字，誤入此韻。《集韻》濡在桓韻，可證也。今不録。

二十三旱○瓚，藏旱切。徐鍇臧旱反，與鬢字作旱切音同，誤也。

二十八翰○嬪，徂贊切。張本、曹本祖贊切，與贊字則旰切音同，誤也。今從明本、顧本。

十二曷○闥，他達切。徐鍇他末反，誤也。末字在十三末。○藒，予割切。張本、曹本矛割切，誤。今從明本、顧本。此字《玉篇》作藹，餘割切，予餘同音，可證予字是也。

桓第二十六	緩第二十四	換第二十九	末第十三
桓 胡官，丸音同	緩 胡管	換 胡玩	活 户括
岏 五丸		玩 五換	枂 五活
團 度官	斷 徒管	段 徒玩	奪 徒活
欑 在丸		攢 在玩	柮 藏活

續表

桓第二十六	鑾落官　槃薄官　瞞母官	右濁聲	端多官　剜一丸　湍他端
緩第二十四	卵盧管　伴薄滿　滿莫旱　煗乃管　鄹辝纂		短都管　椀烏管　畽吐緩
換第二十九	亂郎段　叛薄半　縵莫半，幔音同　偄奴亂		鍛丁貫　惋烏貫　彖通貫
末第十三	捋郎括　跋蒲撥　末莫撥		掇丁活　斡烏括　侻他括

續表

桓第二十六	酸官素	官丸古	歡官呼	寬官苦	鑽官借	潘官普	[illegible]潘北	
緩第二十四	算管蘇	管滿古		款管苦	纂管作	坢伴普	粄管博	
換第二十九	筭貫蘇	貫玩古	喚貫火	[illegible]喚口	穳筭子	判半普	半幔博	竄亂七
末第十三		括栝古（音活，同）	豁括呼	闊栝苦	[illegible]末姊	鏺活普	撥末北	撮括倉

右清聲

二十四緩○伴，薄滿切。《廣韻》諸本蒲旱切，徐鍇薄旱反，皆誤也。旱字在二十三旱。今從徐鉉。○滿，莫旱切，旱字亦誤。然《廣韻》諸本及二徐皆同。○斷，徒管切。徐鍇時管反，時字蓋特字之誤，徒特聲同類。○鄹，辥纂切。明本、顧本辥纂切，誤也。纂字在去聲三十諫。○此韻末有攤字奴但切，但字在二十三旱，攤字又已見二十五寒，此旱韻增加字誤入此韻也，今不録。

二十九換○穳，子筭切。顧本子算切，誤也，算字在上聲二十四緩。○喚，火貫切。明本乎貫切，與換字胡玩切音同，乎字蓋呼字之誤。顧本、曹本呼貫切，呼火聲同類。○筭，曹本誤作算，算字在二十四緩。○半，博幔切。《廣韻》諸本博慢切，誤也，慢字在三十諫。今從徐鉉。

十三末○跋，蒲撥切。二徐北末切，與撥字北末切同。《集韻》跋字亦有二音，其一音與撥同。○此韻有繓撮攥三字，子括切，與鬢字姊末切音同。雖不在韻末，亦增加字也，今不録。

删第二十七	删所姦　櫦數還	姦古顔　關古還	彎烏關
潸第二十五	潸數板		綰烏板
諫第三十	訕所晏　孿生患	諫古晏，澗音同　慣古患	晏烏澗　綰烏患
黠第十四	殺所八	戛古黠　劀古滑	軋烏黠　婠烏八

删第二十七			馯 丘姦[九]					
	班 布還	攀 普班		跧 阻頑				
潸第二十五								
	版 布綰，板音同	眅 普板		酢 側板	㹽 初板			
諫第三十					羼 初鴈	㬚 丑晏		
		襻 普患			篡 初患			
黠第十四	八 博拔	汃 普八	𧦝 恪八	札 側八	䶥 初八			傄 呼八
			劼 口滑	茁 鄒滑			窡 丁滑	

右清聲

續表

刪第二十七			顏 姦五				
	還 關戶	蠻 還莫	[illegible] 五還，頑音同	奻 還女			
潸第二十五	僩 赧下						
	皖 板戶	矕 板武	齗 板五	赧 版女	阪 板扶	虥 板士	
諫第三十	骭 晏下	慢 晏謨	鴈 晏五			輚 諫士	
	患 慣胡		薍 患五	奻 患女			
黠第十四	黠 八胡	傛 八莫		痆 黠女			拔 八蒲
	滑 八戶		䯙 滑五	貀 滑女			
右濁聲							

二十七删〇奻，女還切。《廣韻》諸本奴還切，今從二徐。《玉篇》女閒切，《類篇》《集韻》尼還切。女尼聲同類，可證女字是也。〇此韻末有豻鬜二字，可顔切，與馯字丘姦切音同。《集韻》馯豻音同，可證也。豻字已見二十五寒二十八翰，鬜字又見二十八山，此增加字，今不録。

二十五潸〇赧，女版切，《廣韻》諸本奴板切，今從徐鉉。《玉篇》亦女板切。〇僩，下赧切，僩字無同類之韻，故借用赧字。〇此韻末有撰饌二字，雛鯇切，與巀字士板切音同。撰字又見二十八獮，饌字又見三十三線，此增加字，今不録。

三十諫〇孿，生患切。明本、顧本主患切，誤。《集韻》數患切，生數聲同類，可證生字是也。

十四黠〇黠，胡八切；滑，户八切；胡户聲同類，而其下皆用八字？且此韻切語用八字者甚多，遂相淆混。二百六韻之中，此韻最爲疏舛。不知陸氏書本然，抑後人傳寫增加之失也？〇窡，丁滑切。明本于滑切，誤也。《集韻》張滑切。丁滑類隔，張滑音和，可證丁字是也。〇豽，女滑切。明本女骨切，誤也。骨字在十一没。〇痆，女黠切。曹本艾黠切，誤也。《集韻》女黠切，可證。〇齀，五滑切。《廣韻》諸本五骨切，誤也。骨字在十一没。與齀字同音者有聉𦗢二字，徐鉉五滑切，今從之。

山第二十八

山 間所
閒 閑古
慳 閑苦
羴 閒許
黰 閑烏
𡜊 閑方
獑 山充
讝 山陟
鰥 頑古

產第二十六

產 簡所
簡 限古
齦 限起
剗 限初
醆 限阻
㦃 綰初

襇第三十一

襇 莧古

鎋第十五

鴰 鎋古
稿 鎋枯
瞎 鎋許
鶡 鎋乙
哳 鎋陟
刹 鎋初
刷 刮數
刮 頒古
纂 刮初

續表

山第二十八		**右清聲**	閑 閒户　戲 山士　訮 閑五
產第二十六			限 簡胡　棧 限士　眼 限五
襇第三十一	盼 莧匹		莧 襇侯　幻 辨胡
鎋第十五	獺 鎋他　捌 鎋百　頒 刮丑　鵽 刮丁		鎋 轄胡 音瞎， 同　鐁 鎋查　齾 鎋五　頢 刮下　刖 刮五

續表

山第二十八	斕 閑力	嘫 閑女	獮 閑直	虥 閑昨				右濁聲
産第二十六					⿺鬼且 簡武			
襉第三十一			袒 莧丈		莔 莧七	瓣 辦蒲莧，音同		
鎋第十五		妠 刮女			礣 鎋莫		⿱髟月 鎋而	

二十八山〇鰥，古頑切，頑字在二十七删，蓋陸氏書此韻，無與鰥同類之韻，故借用也。《説文篆韻譜》鰥在删韻，蓋徐鍇移入耳。〇閒，古閑切。明本古閒切，誤。〇虥，士山切。曹本七山切，誤。《集韻》鉏山切，士鉏聲同類，可證士字是也。〇此韻末有嬽字，委鰥切，鰥字切語借用頑字而不用嬽字，則嬽字乃增加字也，今不録。〇又有窀字墜頑切，𪋻字力頑切，權字跪頑切，湲字獲頑切，頑字在二十七删，此皆删韻增加字誤入此韻也，今不録。

二十六産〇㹽，初綰切，綰字在二十五潸，此韻無同類之字，故借用也。或此潸韻增加字，誤入此韻。

三十一襇〇瓣，蒲莧切。明本、顧本溥莧切，與盼字匹莧切音同，誤也。〇幻，胡辨切，與莧字侯襇切音同，然幻非增加字，以其無同類之韻，故借用辨字耳。〇此韻末有扮字，晡幻切；又有鰥字，古幻切。幻字切語借用辨字而不用此二字，且鰥字又已見二十八山。此增加字也，今不録。

十五鎋〇頞，丑刮切。明本、顧本五刮切，誤。《玉篇》丑滑切，可證丑字是也。《集韻》田刮切，田字亦丑字之誤。〇鵽，丁刮切。明本、顧本、曹本下刮切，誤。《玉篇》知刮切，《集韻》張刮切。丁刮類隔，知刮、張刮皆音和，可證丁字是也。〇刷，數刮切。明本、顧本、曹本數滑切，誤也。滑字在十四黠。

切韻考　卷五

表下

先第一	先 蘇前	千 蒼先	箋 則前	天 他前	堅 古賢	煙 烏前
					涓 古玄	淵 烏玄
銑第二十七	銑 蘇典			腆 他典	繭 古典	蝘 於殄
					姑泫，く眣同	
霰第三十二	霰 蘇佃	蒨 倉甸	薦 作甸	瑱 他甸	見 古電	宴 於甸
					睊 古縣	鋗 烏縣
屑第十六	屑 先結	切 千結	節 子結	鐵 他結	結 古屑	噎 烏結
					玦 古穴，決音同	抉 於決

續表

先第一	顛 年都	牽 堅苦	祆 煙呼 鋗 玄火	邊 賢布			**右清聲**	前 先昨	賢 田胡 玄 涓胡
銑第二十七	典 殄多	窒 繭牽 犬 泫苦	顯 典呼		編 典方				峴 典胡 泫 畎胡
霰第三十二	殿 甸都	俔 甸苦	韅 甸呼 絢 縣許			片 麵普		荐 甸在	見 甸胡 縣 絢黃
屑第十六	窒 結丁	猰 結苦 闋 穴苦	奊 結虎 血 決呼		彆 結方	撆 蔑普		截 結昨	纈 結胡 穴 決胡

續表

韻							
先第一	蓮落賢	田徒年	季奴顛，年同	妍五堅	眠莫賢	蹁部田	犳崇玄
銑第二十七		殄徒典	撚乃殄	齞研峴	搷彌殄		辮薄泫
霰第三十二	練郎甸	電堂練，甸佃音同	晛奴甸	硯吾甸	麪莫甸，麵同		
屑第十六	奊練結	姪徒結	涅奴結	齧五結	蔑莫結	蹩蒲結	
右濁聲							

一先〇邊，布賢切。《廣韻》諸本布玄切，今從徐鉉。《玉篇》補眠切，《集韻》卑眠切，賢眠韻同類，

可證賢字是也。

二十七銑○辮，薄泫切。徐鍇方泫反，在扁字下。《廣韻》扁字有兩音：一方典切，一與辮音同。鍇誤以辮與方典切之扁同音，又誤以扁字爲方泫切也。

三十二霰○縣，黄絢切。《廣韻》諸本黄練切，與見字胡甸切音同，誤也。今從徐鍇。縣字同音之字眩衒衒，徐鉉並黄絢切。○睊，古縣切。二徐於絢切，與餶字烏縣切音同，誤也。○晛，奴甸切。二徐胡甸切，與見字音同。《集韻》晛字亦有二音，其一音與見同也。

仙第二	仙 相然 宣 須緣	遷 七然 詮 此緣	煎 子仙 鐫 子泉	饘 諸延 專 職緣	甄 居延 勬 居員
獮第二十八	獮 息淺 選 思兗	淺 七演	翦 即淺 臇 子兗	[illegible] 旨善 剸 旨兗	蹇 九輦 卷 居轉
線第三十三	線 私箭 選 息絹	縓 七絹	箭 子賤	戰 之膳 剸 之囀	眷 居倦，卷音同 絹 吉掾
薛第十七	薛 私列 雪 相絶	膬 七絶	蠽 姊列 蕝 子悅	晢 旨熱 拙 職悅	孑 居列 蹶 紀劣

仙第二	邅 連張	羶 連式	脠 延丑	嗎 延許	篇 連芳	燀 延尺	焉 乾於	鞭 連卑	
							嬽 權於		
			猭 緣丑	翾 緣許		穿 川昌音緣，同	娟 緣於		恮 緣莊
獮第二十八	展 演知	㒄 善式	搌 善丑		鴘 免披	闡 善昌	㫃 蹇於	辡 免方	
	轉 兖陟			蠉 兖香		舛 兖昌		褊 緬方	
線第三十三	驏 扇陟	扇 戰式				硟 戰昌	躽 扇於	徧 見方	
	囀 戀知		猭 戀丑					變 眷彼	孨 眷莊
						釧 絹尺			
薛第十七	哲 列陟	設 列識	屮 列丑	娎 列許	瞥 滅芳	掣 列昌		鷩 列并	
	輟 劣陟	説 爇失		旻 劣許			噦 劣乙		茁 劣側
			[illegible] 悅丑			歠 悅昌	妜 悅於		

續表

韻						右清聲			
仙第二	栓山員	愆去乾 弮丘圓	廱丁全				錢昨仙 全疾緣，泉音同	然如延 堧而緣	延以然 沿與專，緣音同
獮第二十八		遣去演					踐慈演 雋徂兖	蹨人善 輭而兖	演以淺 兖以轉
線第三十三	篹所眷	譴去戰 䰄區倦		騗匹戰			賤才線	㬉人絹	掾以絹
薛第十七	樧山列 㕞所劣	朅丘竭 缺傾雪			劓廁列		絶情雪	熱如列 爇如劣	抴羊列 悦弋雪

續　表

仙第二	孱 士連	鋋 市連 遄 市緣	纏 直連 椽 直攣	連 力延 攣 呂員	便 房連	緜 武延	次 夕連 旋 似宣	 船 食川	焉 有乾 員 王權，圓音同
獮第二十八	撰 士免	善 常演 膞 市兖	邅 除善 篆 持兖	輦 力展 臠 力兖	辯 符蹇，辨音同	免 亡辨 緬 彌兖	䌫 徐翦		
線第三十三	 籑 士戀	繕 時戰，膳音同 捷 時釧	邅 持碾 傳 直戀	 戀 力卷	便 婢面 卞 皮變	面 彌箭	羨 似面 漩 辝戀		衍 于線 瑗 王眷[二]
薛第十七	闑 士列	折 常列	轍 直列	列 良薛 劣 力輟	別 皮列	滅 亡列	 𦯬 寺絶	舌 食列	

續表

	仙第二	獮第二十八	線第三十三	薛第十七
右濁聲	乾渠焉　權巨員	件其輦　圈渠篆	倦渠卷	傑渠列，竭音同
		趁尼展	輾女箭，碾同	吶女劣
		齴魚蹇	彥魚變	孼魚列

二仙〇徐鍇《篆韻譜》分爲僊韻宣韻，然其僊韻全字疾緣反，而緣字在宣韻，則不必分也。仙韻之上聲爲獮韻，去聲爲線韻，入聲爲薛韻。獮線薛三韻，《篆韻譜》與《廣韻》同，其爲陸氏之舊無疑。三韻皆不分爲二，則仙韻亦必不分爲二矣。徐鉉爲《篆韻譜·序》云：「以《切韻》次之。」《後序》又云：「疑者則以李舟《切韻》爲正。」此僊宣二韻或李舟所分歟？今從《廣韻》，不從《篆韻譜》。〇錢，昨仙切。徐鍇昨先反，誤也。先字在一先。〇篇，芳連切。明本、顧本方連切，與鞭字卑連切音同，誤也。又：芳連切，亦所謂類隔；《玉篇》匹連切，乃音和也。〇次，夕連切。徐鍇入宣韻敘沿反，

與旋字似宣切音同，誤也。○鞭，卑連切。徐鍇入宣韻卑沿反。○椽，直攣切，徐鉉直專切，未詳孰是。○溤，有乾切。徐鉉乙乾切，與焉字於乾切音同，誤也。

二十八獮○雋，徂兖切。明本、顧本祖兖切，與臇字子兖切音同，誤也。○選，思兖切，曹本脱切音。○鴘，披免切。張本、曹本被免切，誤也。今從明本、顧本。《集韻》披免切，可證。○此韻末有蜎字，狂兖切。徐鉉在沇切，誤也。狂兖切與圏字渠篆切音同，蜎又已見二仙，此增加字，今不録。○又有楩諓諞扁四字，符善切，與辯字符蹇切音同。諓諞已見此韻，楩諞扁已見二仙，扁又見二十七銑，此增加字，今不録。○又有棧字，士免切。明本曹本土免切，誤。《集韻》士免切，可證也。然與撰字音同，棧字又已見二十六産，此增加字，今不録。

三十三線○絹，吉掾切。明本、顧本苦掾切，誤。《集韻》規掾切，吉規聲同類，可證吉字是也。○籑，士戀切。張本、曹本七戀切，誤。《集韻》雛戀切，士雛聲同類，可證士字是也。○偏，方見切，見字在三十二霰，誤也。○此韻末有縺摙二字，連彦切，與戀字力卷切音同，增加字也，今不録。

十七薛○哲，陟列切。明本涉列切，誤也。《集韻》陟列切，可證。○朅，丘竭切。明本、顧本丘揭切，揭揭同音，誤也。張本丘謁切，謁在十月，亦誤也。今從曹本及二徐。○絶，情雪切。明本清雪切，誤也。《集韻》情雪切，可證。○瞥，芳滅切，徐鉉普滅切。芳滅類隔，普滅音和，蓋徐鉉所改。○此韻有折字常列切，二徐食列切，與舌字音同。《廣韻》此折字亦在舌字食列切下，當與舌字同爲一

條，而誤分爲常列切也，今不録。〇又有箭謭葥扒别五字，方别切，與鷩字并列切音同。别字已見此韻，此雖不在韻末，亦增加字也，今不録。〇韻末有焆㖑二字，於列切，二徐焆字因悦切。焆字當是娟字入聲，因悦切是也。然因悦切與妜字於悦切音同，亦增加字耳，今不録。〇又有啜字姝雪切，明本、顧本殊雪切，誤。《集韻》姝悦切，可證姝字是也。然姝雪切與歠字昌悦切音同，且歠字下已有啜字，此又重見於韻末，乃增加之最粗疏者，今不録。

蕭第三	篠第二十九	嘯第三十四	
蕭 蘇彫	篠 先鳥	嘯 蘇弔	
祧 吐彫	朓 土了	糶 他弔	
貂 都聊，彫音同	鳥 都了	弔 多嘯	
驍 古堯	皎 古了	叫 古弔	
膮 許幺	鐃 馨皛	歊 火弔	
幺 於堯	杳 烏皎	窔 烏叫	

續表

韻	清聲	濁聲
蕭第三	鄡 苦幺	迢 徒聊　聊 落蕭　嶢 五聊
篠第二十九	磽 苦皎　湫 子了	窕 徒了　了 盧鳥　嬲 奴鳥　皛 胡了
嘯第三十四	竅 苦弔	藋 徒弔　顟 力弔　顤 五弔　尿 奴弔
	右清聲	**右濁聲**

三蕭〇迢，徒聊切。徐鍇《篆韻譜》迢字在貂字的遼切下，其迢字後接條字徒聊切，蓋徒聊切本在迢字下，傳寫誤倒耳。〇鄡，苦幺切。徐鉉牽遥切，誤也。遥字在四宵。

二十九篠〇皛，胡了切。徐鉉烏皎切，誤也。《玉篇》《集韻》並胡了切，可證。

宵第四	宵相邀，消霄音同	超敕宵	朝陟遥	嚻許嬌	驕舉喬，嬌音同	焦即消	燒式招	昭止遥，招音同
小第三十	小私兆	巐丑小			矯居夭	劋子小	少書沼	沼之少
笑第三十五	笑私妙，肖音同	朓丑召				醮子肖	少失照	照之少

續表

韻		右清聲	
宵第四	飆甫遙 要於霄，邀音同 蟚七遙 蹻去遙 怊尺招 輿撫招 鑣甫嬌，瀌音同 妖於喬 趫起嚻		鼂直遙 樵昨焦
小第三十	表陂矯 夭於兆 悄親小 藨滂表 麨尺沼 縹敷沼		肇治小，兆音同
笑第三十五	要於笑 陗七肖 剽匹妙 裱方廟 趬丘召		噍才笑 召直照

續表

韻									
宵第四	饒 招如	遥 昭餘	韶 招市	瓢 霄符	蜱 遥彌		翹 遥渠	燎 昭力	
					苗 瀌武	鴞 嬌于	喬 嬌巨		
小第三十				藨 表平			蟜 夭巨	繚 小力	
	擾 沼而	鷕 沼以	紹 沼市	摽 少符[三]	眇 沼亡				
笑第三十五	饒 要人				妙 笑彌		翹 要巨		
		燿 照弋	邵 照寔	驃 召毗	廟 召眉		嶠 廟渠	[illegible] 照力	虠 召牛

右濁聲

四宵〇鑣，甫嬌切，徐鉉補嬌切。甫嬌類隔，補嬌音和，蓋徐鉉所改。〇蜱，彌遥切，明本、顧本弭遥切，彌弭聲同類。徐鉉匹標切，誤也。徐鍇名標反，彌名聲同類，可證彌遥切是也。《集韻》亦彌遥切。〇奥，撫招切。徐鉉方昭切，與飆字甫遥切音同，方字蓋芳字之誤。

三十小〇表，陂矯切。張本陂嬌切，誤。今從明本、顧本、曹本。〇藨，平表切。明本、顧本呼表切，誤也。《玉篇》平表切，可證。〇此韻有褾䙚標嶹四字方小切，與表陂矯切音同，且即在表陂矯切之後，標字又已見四宵。此增加者本欲與表字同爲一條，而誤分兩切也。今不録。〇韻末有闄字於小切，與夭於兆切音同，《集韻》夭闄皆於兆切，此增加字也，今不録。

三十五笑〇裱，方廟切。明本萬廟切，誤。

肴第五	巧第三十一	效第三十六	
肴胡茅	澩下巧	效胡教	
巢鉏交	魑士絞	巢士稍	
鐃女交			
茅莫交	卯莫飽	皃莫教	

續表

肴第五	聱交五　庖交薄　顟嘲力　桃交直	右濁聲	交肴古　梢交所　虓交許
巧第三十一	齩巧五　鮑巧薄　獿巧奴		絞巧古　数巧山[三]
效第三十六	樂教五　棹教直　橈教奴　皰教防		教孝古　稍教所　孝教呼

續表

肴第五	巧第三十一	效第三十六	
包 交布	飽 巧博	豹 教北	
胞 交匹		奅 皃匹	
敲 交口	巧 絞苦	敲 教苦	
𦗬 交側	爪 絞側	抓 教側	
嘲 交陟	獠 絞張		
䜈 交楚	煼 爪初	抄 教初	
顤 交於	拗 絞於	靿 教於	
颮 交敕		趠 教丑	
		罩 教都	
右清聲			

三十一巧〇獠，張絞切，徐鍇盧皓反。《廣韻》此字又盧皓切，鍇音即《廣韻》之又一音也。

三十六效〇趠，知教切。張本、曹本丑教切，今從明本、顧本。趠字同音有踔字，二徐知教切，可證趠字知教切是也。〇抓，側教切。明本、顧本則教切，誤。《集韻》阻教切，側阻聲同類，可證側字是也。〇巢，士稍切。張本、曹本七稍切，誤。今從明本、顧本。巢字平聲鉏交切，則去聲必士稍切，鉏士聲同類也。

豪第六	皓第三十二	号第三十七	
豪 胡刀	皓 胡老，浩音同	号 胡到	
勞 魯刀，牢音同	老 盧皓	嫪 郎到	
毛 莫袍	蓩 武道	冃 莫報	
袍 薄褒	抱 薄浩	暴 薄報	
陶 徒刀	道 徒皓	導 徒到	

續表

豪第六	敖五勞	曹昨勞	猱奴刀	右濁聲	高古勞	蒿呼毛	饕土刀	刀都牢	騷蘇遭
晧第三十二	䫜五老	皁昨早	堖奴晧		暠古老	好呼晧	討他浩	倒都晧	嫂蘇老
号第三十七	傲五到	漕在到	腝那到		誥古到	秏呼到		到都導	喿蘇到

續表

豪第六	褒 博毛	糟 作曹，遭音同	爊 於刀	尻 苦刀	操 七刀	橐 普袍
晧第三十二	寶 博抱	早 子晧	襖 烏晧	考 苦浩	草 采老	
号第三十七	報 博耗	竈 則到	奥 烏到	鎬 苦到	操 七到	

右清聲

歌第七	歌俄古	蹉何七	多何得	娑何素	佗何託	訶何虎	珂何苦	阿何烏
哿第三十三	哿我古	瑳可千	嚲可丁	縒可蘇	袉可吐	㰤我虚	可我枯	閜可烏	左可臧
箇第三十八	箇古賀，个音同		跢佐丁	些箇蘇	拖邏吐	呵箇呼	坷箇口		佐箇則

右清聲

續表

歌第七	駝徒河	醝酢何	我五何，俄音同	羅魯何	那諾何	何胡歌，河音同
哿第三十三	爹徒可		我五可	橀來可	榬奴可	荷胡可
箇第三十八	馱唐佐		餓五个	邏郎佐	奈奴箇	賀胡箇

右濁聲

三十三哿〇袉，吐可切，徐鉉唐左切。《廣韻》此字又徒可切，鉉音即《廣韻》之又一音也。〇左，臧可切。明本、顧本藏可切，誤。《集韻》子我切，臧子聲同類，可證臧字是也。

三十八箇〇佐，則箇切。明本、顧本側箇切，誤。《集韻》子賀切，則子聲同類，可證則字是也。

戈第八	戈 古禾	遳 七戈 脞 醋伽	陊 丁戈	莎 蘇禾	詑 土禾	波 博禾	頗 滂禾	科 苦禾 佉 丘伽	倭 烏禾
果第三十四	果 古火	脞 倉果	埵 丁果	鎖 蘇果	妥 他果	跛 布火	叵 普火	顆 苦果	婐 烏果
過第三十九	過 古臥	剉 麤臥	桗 都唾	膹 先臥	唾 湯臥	播 補過	破 普過	課 苦臥	涴 烏臥

續表

戈第八	韡 許戈 靴同　迦 居伽	右清聲	婆 薄波　佗 徒和　摩 莫婆　矬 昨禾　訛 五禾
果第三十四	火 呼果		墮 徒果　麼 亡果　坐 徂果　婐 五果
過第三十九	貨 呼卧　挫 則卧		惰 徒卧　磨 摸卧　座 徂卧　卧 吾貨

續表

戈第八	果第三十四	過第三十九	
羸落戈	裸郎果	羸魯過	
捼奴禾	姽奴果	愞乃臥	
和户戈，禾音同	禍胡果	和胡臥	
瘸巨靴　伽求迦			
		縛符臥	
右濁聲			

八戈〇韡，許戈切。張本、曹本許䏲切，徐鉉許𦢊切。今從明本、顧本。此韻末有䏲𩝫二字於靴切，𦢊字縷䏲切，䏲䏲二字去靴切，侳䞤二字子䏲切，皆隱僻之字，必陸氏書所無。若本有之，䏲字於靴切，倭字烏禾切，於烏聲同類，則靴禾韻不同類。䏲字去靴切，科字苦禾切，去

苦聲同類，則靴禾韻亦不同類。戈字古禾切，靴禾韻既不同類，則鞾戈韻亦不同類。鞾與靴同[四]。若鞾字切語用肥𦢊二字，後來必無改用戈字之理。明是本用戈字，後來增加肥𦢊諸字，乃改之也。肥𦢊諸字今不録。韻末瘸字巨靴切，亦必增加字，以其無害於本書之例，故録之。〇脞，醋伽切。明本、顧本醋加切，誤也。加字在九麻，此與伽佉迦等字皆在韻末，亦增加字。然無害於本書之例，故録之。

三十四果〇此韻末有爸字捕可切，𤘺字作可切。爸字明本、顧本補可切，誤。《玉篇》蒲可切，《集韻》部可切，捕蒲部聲同類，可證捕字是也。但可字在三十三哿，爸𤘺皆哿韻增加字，誤入此韻。今不録。

三十九過〇此韻末有䐿揩二字千過切，明本揩字别爲符卧切，顧本亦别爲千卧切。《集韻》揩字在三十八箇千个切，則千卧切是，符卧切誤矣。然千過千卧同一音分兩切，亦誤也。且千過切與剉字麤卧切音同，䐿揩皆增加字。今不録。〇又有磋字七過切，亦與剉字麤卧切音同。磋字又已見七歌，此亦增加字，今不録。〇又有侉字安賀切，賀字在三十八箇。此箇韻增加字，誤入此韻。今不録。

麻第九

麻 莫霞
邪 以遮
蛇 食遮
遐 胡加，霞音同
華 户花
拏 女加
牙 五加
⿰亻欠 五瓜
佘 宅加
衺 似嗟
闍 視遮
爬 蒲巴

馬第三十五

馬 莫下
乜 彌也
野 羊者，冶也音同
下 胡雅
踝 胡瓦
雅 五下，疋音同
瓦 五寡
灺 徐野
社 常者
跁 傍下

禡第四十

禡 莫駕
夜 羊謝
射 神夜
暇 胡駕
迓 吾駕，訝音同
虴 除駕
謝 辝夜
⿰白犬 白駕

續表

麻第九	楂 加鉏　奆 邪才　若 賒人	右濁聲	車 遮尺　奢 賒式車，音同　遮 奢正
馬第三十五	槎 下士　絮 下奴　藞 下盧　若 者人		奲 者昌　捨 冶書　者 也章
禡第四十	乍 駕鋤　肜 亞乃　褯 夜慈		赿 夜充　舍 夜始　柘 夜之

麻第九		嘉古牙，加音同	煆許加	齣苦加	葩普巴	鴉於加	巴伯加	叉初牙	鯊所加
		瓜古華	華呼瓜，花音同	誇苦瓜		窊烏瓜			
	嗟子邪								
馬第三十五		檟古疋，賈音同	〔口閜〕許下	跒苦下		啞烏下	把博下		灑沙下
		寡古瓦		髁苦瓦				硰叉瓦	葰沙瓦
	姐兹野								
禡第四十		駕古訝，嫁音同	嚇呼訝	髂枯駕	帊普駕	亞衣嫁			嗄所嫁
			化呼霸						
	唶子夜								

續表

麻第九	樝加側 奓加陟 侘加敕 髽華莊 檛瓜陟 奓邪陟 些邪寫	
馬第三十五	鮓下側 縿下竹 奼下丑 觰賈都 [illegible]寡丑 寫姐悉 且也七	
禡第四十	詐駕側 吒駕陟 詫亞丑 霸駕必 蝑夜司 笡謝遷	
		右清聲

九麻○蛇，食遮切，下有虵字茶字。張本、曹本云：「食遮切三。」明本三字誤作二。顧本又於茶字下空兩字，又下增切字，意以爲缺其切語，尤誤也。○查，才邪切。明本、顧本作查，誤也。《玉篇》查才邪切，可證。○此韻末有偰字乞加切，與齣字苦加切音同，增加字也。今不録。

三十五馬○灺，徐野切。徐鍇似下反，《集韻》似也切。野也音同，可證野字是也。○此韻有蛆字餣瓦切，明本、顧本銼瓦切。蛆字甚僻，《玉篇》《類篇》《集韻》皆無之。其切語餣銼二字，不必考其是非，此雖不在韻末，亦必增加字而實不必增加者也。今不録。○藞，明本、顧本、曹本作藞，誤也。《玉篇》《集韻》皆作藞，从艸从磊。

四十禡○逜，充夜切。明本、顧本色夜切，誤也。《集韻》充夜切，可證。○化，呼霸切，與嚇字呼訝切音同。然化非增加字，以化字無同類之韻，故借用霸字耳。此韻有摦吴崋華樺艛樓七字胡化切，韻末有詃傻二字所化切、瓦字五化切、攨窊跒三字烏吴切，皆與化字韻同類，而化字切語用霸字，不用此諸字。且崋華窊已見九麻，艛已見十一暮，樓又見十九鐸，瓦已見三十五馬，餘亦隱僻，皆增加字也。今不録。○胗，乃亞切。明本尸亞切，誤。《集韻》乃嫁切，可證乃字是也。○此韻末又有坬諣二字古罵切，與駕字古訝切音同，增加字也。今不録。明本、顧本、曹本古駕切，尤誤。古駕雙聲，不可爲切語也。

陽第十	陽 羊與章，音同	詳 羊似	良 張呂	房 方符	長 良直	穰 陽汝	亡 方武	孃 良女	牀 莊士
養第三十六	養 兩餘	像 兩徐	兩 兩良奨，音同	驃 養毗	丈 兩直	壤 兩如	网 兩文		
漾第四十一	漾 揉餘亮，音同		亮 讓力		仗 亮直	讓 揉人		釀 亮女	狀 亮鋤
				防 況符			妄 放巫		
藥第十八	藥 灼以		略 灼離		著 略直	若 灼而		逽 略女	
				縛 钁符					

續表

陽第十	常 羊市　牆 良在　强 良巨　王 方雨　狂 王巨	右濁聲	香 良許　商 羊式　章 良諸
養第三十六	上 掌時　勥 兩其　仰 兩魚　往 雨于　俇 往求		響 兩許　賞 兩書　掌 兩諸　怳 往許
漾第四十一	尚 亮時　匠 亮疾　弶 亮其　⿰車卬 向魚　迋 放于　狂 放渠		向 亮許　餉 亮式　障 亮之　況 訪許
藥第十八	妁 市若，勺音同　嚼 爵在　噱 虐其　虐 約魚　籰 縛王　戄 籰其		謔 約虛　爍 藥書　灼 若之　⿰口矍 縛許

續表

陽第十	昌 良尺	羌 羊去 匡 王去	薑 良居	張 良陟	方 良府	襄 良息	將 良即	創 良初	莊 羊側
養第三十六	敞 兩昌		繈 兩居 獷 往居	長 丈知	昉 网分	想 兩息	奬 兩即	磢 兩初	
漾第四十一	唱 亮尺	唴 亮丘	彊 亮居 誑 況居	帳 亮知	放 妄甫	相 亮息	醬 亮子	剏 亮初	壯 亮側
藥第十八	綽 約昌	卻 約去 躩 縛丘	腳 勺居 玃 居縛，钁音同	芍 略張		削 約息	爵 即略，雀音同		斮 略側

續　表

陽第十	霜色莊　鏘七羊　央於良　蒻褚羊　芳敷方	**右清聲**
養第三十六	爽疎兩　搶七兩　鞅於兩　昶丑兩　髣妃兩 枉紆往	
漾第四十一	蹡七亮　怏於亮　悵丑亮　訪敷亮	
藥第十八	鵲七雀　約於略　皀丑略 嬳憂縛　䨔孚縛	

十陽○王，雨方切。此韻狂字巨王切，强字巨良切，則王與良韻不同類。方字府良切，王既與良韻不同類，則亦與方韻不同類，王字切語用方字，此其疏也[五]。

三十六養○网，文兩切。明本、顧本丈兩切，誤。○昉，分兩切，徐鍇妃兩反。《玉篇》甫往切，《集韻》甫兩切，分甫聲同類，可證分字是也。○枉，紆往切。明本、顧本紆枉切，誤。○怳，許往切。《廣韻》諸本皆許昉切，與響字許兩切音同，誤也。今從徐鉉。○往，于兩切。此韻繦字居兩切，獷字居

往切，則往與兩韻不同類，往字切語用兩字，此其疏也。○俇，明本、顧本、曹本誤作徍。○此韻末有罤迋僙逛四字俱往切，與獷字居往切音同。徐鉉具往切，則與俇字求往切音同。罤字又見三十八梗，迋字又見四十一漾，皆增加字也。今不録。○驪毗養切，明本、顧本毗往切。《玉篇》毗兩切，養兩韻同類，可證養字是也。○又有頰俠二字初丈切。明本初大切，誤也。初丈切與磢字初兩切音同，且頰字已見此韻爽字下。此增加字，今不録。

四十一漾○狀，鋤亮切。徐鉉盈亮切，誤。○醬，子亮切。張本于亮切，誤。今從明本、顧本、曹本。○況，許訪切。此韻誑字居況切，彊字居亮切，則況與亮韻不同類。訪字敷亮切，況既與亮韻不同類，則亦與訪韻不同類。況字切語用訪字，亦其疏也。○蹡，明本、顧本誤作蹖，蹖字在十七薛。

十八藥○籰，王縛切。明本、顧本五縛切，誤也。《玉篇》《集韻》並王縛切，可證。

唐第十一	唐徒郎　郎魯當　航胡郎　黃胡光
蕩第三十七	蕩徒朗　朗盧黨　沆胡朗　晃胡廣
宕第四十二	宕徒浪　浪來宕　吭下浪　攩乎曠
鐸第十九	鐸徒落　落盧各　涸下各　穫胡郭　礐盧穫

續表

韻						右濁聲			
唐第十一	茫莫郎	囊奴當	傍步光，旁音同	卬五剛	藏昨郎		當都郎	倉七岡	岡古郎，剛音同 光古黄
蕩第三十七	莽模朗	曩奴朗		駠五朗	奘徂朗		黨多朗	蒼麄朗	䴚各朗 廣古晃
宕第四十二	漭莫浪	儾奴浪	傍蒲浪	枊五浪	藏徂浪		讜丁浪		鋼古浪 桄古曠
鐸第十九	莫慕各	諾奴各	泊傍各	咢五各 雘五郭	昨在各			錯倉各	各古落 郭古博

續表

唐第十一	桑 郎息	康 岡苦	炕 郎呼	湯 郎吐	滂 郎普	鴦 郎烏	臧 郎則	
		骯 光苦	荒 光呼			汪 光烏		幫 旁博
蕩第三十七	顙 朗蘇	慷 朗苦	汻 朗呼	曭 朗他	髈 朗匹	坱 朗烏	駔 朗子	榜 朗北
		廳 晃丘	慌 晃呼			汪 晃烏		
宕第四十二	喪 浪蘇	抗 浪苦	荒 浪呼	儻 浪他		盎 浪烏	葬 浪則	
		曠 謗苦						螃 謗補，音同曠
鐸第十九	索 各蘇	恪 各苦	膗 各呵	託 各他	䫜 各匹	惡 各烏	作 落則	
		廓 郭苦	霍 郭虛			臒 郭烏	嗅 郭祖	博 各補

右清聲

三十七蕩〇駔，子朗切。徐鍇徂朗反，誤也。《玉篇》《集韻》並子朗切，可證。

四十二宕〇儻，他浪切。明本他狼切，誤。〇此韻末有汪䵣二字[六]烏浪切，與盎字烏浪切同，增加字也，今不録。《集韻》汪烏曠切，與盎字實不同音。此烏浪切與盎無別，又增加者之疏也。

十九鐸〇莫，慕各切。顧本莫各切，誤。〇臛，呵各切。徐鍇呼郭反，與霍字音同。《集韻》臛字亦有二音，其一音亦與霍同。〇博，補各切。此韻各字古落切，郭字古博切，則博與落韻不同類，即與各韻不同類，博字切語用各字，亦其疏也。

庚第十二	庚古行　觵古橫　驚舉卿，京音同	阬客庚　卿去京	閍甫盲　兵甫明	脝許庚　諻虎橫　兄許榮	瞠丑庚
梗第三十八	梗古杏　礦古猛　警居影，景音同　憬俱永		丙兵永	卝呼瞢　克許永	
敬第四十三	更古孟　敬居慶	慶丘敬	柄陂病	諱許更	
陌第二十	格古伯　虢古伯　戟几劇	客苦格　隙綺戟，郤音同		赫呼格　虩許郤	塀丑格

續表

韻									
庚第十二	鎗 庚楚		磅 庚撫	趟 盲竹	生 庚所				
		霙 驚於							
梗第三十八		謍 猛烏		盯 梗張		浜 梗布			
		影 丙於			省 景所				
敬第四十三		甖 孟於		倀 孟猪			瑺 孟他		
	灢 敬楚	映 敬於			生 敬所				
陌第二十		啞 格烏		磔 格陟		伯 陌博		嘖 伯側	拍 伯普
	栅 戟測				索 戟山				

右清聲

庚第十二	盲 庚武	行 庚户	彭 庚薄	傖 庚助		棖 庚直			
		橫 盲户							
								擎 京渠	迎 京語
	明 兵武				平 兵符		榮 兵永		
梗第三十八	猛 杏莫	杏 梗何	鮩 猛蒲						
	皿 永武						永 憬于		
敬第四十三	孟 更莫	行 更下	膨 孟蒲			鋥 更除			
		蝗 孟户							
								競 敬渠	迎 敬魚
	命 病眉				病 命皮		詠 命爲		
陌第二十	陌 白莫	嚄 伯胡	白 陌傍	齚 陌鋤		宅 伯場			額 陌五
					欂 戟弼			劇 逆奇	逆 戟宜

續表

庚第十二	梗第三十八	敬第四十三	陌第二十
囊乃庚	瑒徒杏　檸挐梗		蹃女白

右濁聲

十二庚〇横，户盲切。此韻諻字虎横切，脝字許庚切，虎與許聲同類，則横與庚韻不同類；盲字武庚切，横既與庚韻不同類，則亦與盲韻不同類，横字切語用盲字，此其疏也。〇兵，甫明切，徐鉉補明切。甫明類隔，補明音和，蓋徐鉉所改。

三十八梗〇影，於丙切。此韻警字居影切，憬字俱永切，居與俱聲同類，則影與永韻不同類；丙字兵永切，影既與永韻不同類，則亦與丙韻不同類，影字切語用丙字，亦其疏也。〇猛，莫杏切。張本莫幸切，誤也。幸字在三十九耿。今從明本、顧本、曹本。〇磺，古猛切。磺字無同類之韻，故

借用猛字。此韻末有畀字苦礦切，與礦字韻同類，而礦字切語不用，且畀字已見十遇，此增加字也，今不録。○此韻末又有打字德冷切，冷字魯打切，二字切語互用，與此韻之字絶不聯屬，且其平去入三聲皆無字。又此二字皆已見四十一迥，此增加字也，今不録。

四十三敬○《廣韻》作四十三映，此宋人諱敬字改之也。今從徐鍇。○蝗，户孟切，與行字下更切音同，然蝗字非增加之字，以其無同類之韻，故借用孟字耳。此韻末有𥦗字烏横切，與蝗字韻同類，而蝗字切語不用，𥦗乃增加字也，今不録。○牚，他孟切。明本、顧本池孟切，與鋥字除更切音同，誤也。○此韻末有榜迸跰三字，北孟切。明本、顧本比孟切，誤。徐鉉於榜字下注云：「李舟韻一音北孟切。」然則《唐韻》榜字無此音，此增加之最顯者，今不録。

二十陌○宅，場伯切。明本、顧本、曹本瑒伯切，誤也。《集韻》直格切，場直聲同類，可證場字是也。○虢，古伯切，與格字古伯切同，然虢非增加字，以其無同類之韻，故借用伯字耳。此韻末有擭濩韄𩐋𡾰五字一虢切，螂劆二字丘擭切，皆與虢字韻同類，而虢字切語不用，皆增加字也，今不録。○此韻有韄字乙白切，與啞字烏格切音同；又有垎𧺆格輅四字胡格切，與嚄嘕二字胡伯切音同；雖不在韻末，亦增加字也，今不録。○又有謋謔漷砉翻湱硅㥣八字虎伯切，與赫字呼格切音同。又漷字已見十九鐸，砉字已見二十三錫，雖不在韻末，皆增加字也。然此謋字以下八字與赫字實不同音，《集韻》赫謋分兩音，可證也。此虎伯切乃增加者之疏耳，今不録。

耕第十三	耕 古莖	鏗 口莖	朾 中莖	甖 烏莖	琤 楚耕	怦 普耕		浜 布耕	争 側莖	
				泓 烏宏			轟 呼宏			
耿第三十九	耿 古幸					絣 普幸				
諍第四十四				褸 鶯迸			轟 呼迸	迸 北諍	諍 側迸	
麥第二十一	隔 古核，革音同	礊 楷革	摘 陟革	戹 於革，厄音同	策 楚革			檗 博厄	責 側革	棟 山責
	蟈 古獲，摑音同					擆 普麥	剨 呼麥		摣 簪摑	摵 砂獲

右清聲

續表

韻									
耕第十三	甍 莫耕，萌音同	莖 耕户	崢 耕士	儜 耕女	橙 耕宅	輣 萌薄	娙 莖五		
		宏 萌户							
耿第三十九	䁅 幸武	幸 耿胡				倂 幸蒲			
諍第四十四						倂 迸蒲	鞕 諍五		
麥第二十一		覈 下革，核音同	頣 革士	疒 戹尼		繴 革蒲	虉 革五	礐 摘力	
	麥 獲莫	獲 麥胡	趀 獲查						𧾣 獲求
									右濁聲

十三耕〇宏，户萌切。此韻竑字户耕切，則宏與耕韻不同類；萌字莫耕切，宏既與耕韻不同類，則亦與萌韻不同類。宏字切語用萌字，此其疏也。〇崢，士耕切。張本、曹本七耕切，誤。今從明本、顧本。《玉篇》仕耕切，《集韻》鋤耕切，仕士同音，士鋤聲同類，可證士字是也。徐鉉七耕切，徐鍇七庚反，皆誤。〇此韻末有繃絣幽拼艵五字北萌切，與浜字布耕切音同，增加字也，今不録。徐鉉繃補盲切，盲字在十二庚，此《唐韻》繃字不在耕韻之證。《集韻》繃在耕韻，浜在庚韻，蓋以浜繃同一韻則不當分兩切，故移浜字人庚韻耳。

四十四諍〇迸，北諍切。明本、顧本比諍切。誤也。二徐及《集韻》皆北諍切。〇鞕，五諍切。明本、顧本五更切，誤也，更字在四十三敬。張本五爭切，此韻無爭字，今從曹本。

清第十四	靜第四十	勁第四十五	昔第二十二
清 七情	請 七靜	倩 七政	皵 七迹　昰 七役
精 子盈	井 子郢	精 子姓	積 資昔，迹音同
嬰 於盈　縈 於營	廮 於郢		益 伊昔

續表

清第十四	貞陟盈	檉丑貞	聲書盈	征諸盈	輕去盈 傾去營	并府盈	騂息營	眴火營	
靜第四十		逞丑郢		整之郢	頃去穎	餅必郢	省息井		頸居郢
勁第四十五		遉丑鄭	聖式正	政之盛，正音同	輕墟正	摒卑政	性息正，姓音同	夐休正	勁居正
昔第二十二	⿰黍啇竹益	彳丑亦	釋施隻	隻之石，炙音同 菒之役		辟必益 碧彼役	昔思積		

續表

韻										
清第十四			右清聲	情 疾盈	盈 以成 營 余傾	成 是征	呈 直貞	名 武并
靜第四十				靜 疾郢	郢 以整 潁 餘頃			眳 亡井
勁第四十五	聘 匹正			淨 疾政		盛 承正	鄭 直正	詺 彌正
昔第二十二	尺 昌石	僻 芳辟		籍 秦昔	繹 羊益，易亦音同 役 營隻	石 常隻	擲 直炙	

續表

清第十四	跉 呂貞	餳 徐盈	頸 巨成 瓊 渠營	
靜第四十	領 良郢		痙 巨郢	
勁第四十五	令 力政			偋 防正
昔第二十二		席 祥易		擗 房益 麝 食亦

右濁聲

十四清〇精，子盈切。曹本于盈切，誤。〇餳，張本、曹本作餳，非也。今從明本、顧本。

四十靜〇郢，以整切。徐鍇之整反，誤也。之整雙聲，不可爲切語。〇《廣韻》此韻末有徎湼二字，丈井切。二徐徎字丑郢切，與逞字丑郢切同，蓋所據《切韻》《唐韻》如此。《廣韻》改爲丈井切，乃分出在韻末也，今不録。又湼字必浧字之誤，《集韻》逞字同音有徎浧二字，可證。

四十五勁○摒，《廣韻》諸本皆畀政切，畀字誤，當作卑。《集韻》卑正切，可證。《玉篇》必政切，必卑聲同類，亦可證卑字是也。○此韻末有欦𨡕二字許令切，與敻字休正切音同，增加字也，今不録。

二十二昔○役，營隻切。此韻莫之役切，隻之石切，則役與隻韻不同類，役字切語用隻字，此其疏也。○辟，必益切。徐鉉父益切，父字即必字之誤。○碧，彼役切。徐鉉兵尺切，徐鍇方彳反，皆與辟字必益切音同，誤也。○張本、曹本有瞁眢二字，許役切，此二字已見二十三錫。此雖不在韻末，亦增加字也。明本、顧本無，今不録。

青第十五	青 倉經	經 古靈 扃 古螢	丁 當經	馨 呼刑
迥第四十一		剄 古挺 熲 古迥	頂 都挺，鼎音同	詗 火迥
逕第四十六	靘 千定	徑 古定	矴 丁定	
錫第二十三	戚 倉歷	激 古歷，擊音同 郹 古闃，鶪狊音同	的 都歷	赦 許激 殺 呼狊

續表

青第十五	星 經桑	竮 丁普	汀 丁他					
迥第四十一	醒 挺蘇		珽 鼎他	巊 涬烟	謦 挺去	鞞 鼎補		
		頩 迥匹		濙 迥烏	褧 迥口			
逕第四十六	腥 佞蘇		聽 定他	鎣 定烏	罄 定苦			
錫第二十三	錫 擊先	霹 擊普	逖 歷他		燩 擊苦	壁 激北	績 歷則	歡 歷丑
					闃 鶪苦			

右清聲

續表

青第十五	⿰幵刂户經，刑音同　庭特丁　靈郎丁　寧奴丁　冥莫經　瓶薄經　熒户扃，螢音同	右濁聲
迥第四十一	婞胡頂，涬音同　挺徒鼎　笭力鼎　顭乃挺　汫徂醒　⿰目巠五剄　迥户熲　茗莫迥　竝蒲迥	
逕第四十六	脛胡定　定徒徑　零郎定　寧乃定，佞音同　⿰冥色莫定	
錫第二十三	檄胡狄　荻徒歷，狄音同　靂郎擊，歷音同　惄奴歷　覓莫狄　寂前歷　鷁五歷　甓扶歷	

四十一迥〇迥，户頌切。張本户頂切，與婞胡頂切音同。明本、顧本、曹本户頃切，頃字在四十靜。徐鉉户穎切，穎字亦在四十靜，蓋頌字之誤也，今從而訂正之。徐鍇《篆韻譜》呼炯反，《篆韻譜》呼字皆胡字之誤，炯字則與頌同音。《集韻》户茗切，茗與頌韻同類，皆可證頌字是也。

二十三錫〇鼏，古闃切。顧本古覓切，與激字古歷切音同，誤也。明本名覓切，名字即古字之誤。

蒸第十六	拯第四十二	證第四十七	職第二十四
蒸 煑仍	拯 無韻切，音蒸上聲	證 諸應	職 之翼
膺 於陵		應 於證	憶 於力
冫 筆陵，冰音同			逼 彼側
升 識蒸		勝 詩證	識 賞職
兢 居陵，矜音同			殛 紀力
徵 陟陵			陟 竹力

續表

蒸第十六	興 虚陵	稱 處陵	殑 山矜	硱 綺兢	倰 丑升	砯 披冰			
拯第四十二									
證第四十七	興 許應	稱 昌孕			覴 丑證		甑 子孕		
職第二十四	洫 況逼	瀷 昌力	色 所力	鞕 丘力	敕 恥力	堛 芳逼	即 子力	息 相即	測 初力

續表

韻									
蒸第十六		右清聲	承 署陵	澂 直陵	陵 力膺	凭 扶冰	蠅 余陵	繩 食陵，乘音同
拯第四十二								
證第四十七			丞 常證	眙 丈證	餕 里甑	凭 皮證	孕 以證	乘 實證
職第二十四	稜 阻力，側音同　㔍 丁力		寔 常職	直 除力	力 林直	愎 符逼	弋 與職，翼音同	食 乘力

續表

蒸第十六	仍 乘如	繒 陵疾	凝 陵魚	殑 矜其	磳 競仕		
拯第四十二							
證第四十七	認 證而		凝 餕牛	殑 餕其			
職第二十四		堲 力秦	嶷 力魚	極 力渠	崱 力士	匿 力女	域 逼雨	窅 逼亡

右濁聲

十六蒸〇凭，扶冰切，二徐皮冰切。扶冰類隔，皮冰音和，蓋二徐所改。〇蠅，余陵切。徐鍇舍蒸反，舍字即余字之誤。

四十二拯〇此韻有庱字丑拯切，殑字其拯切，殊字色庱切。拯字下云：「無韻切，音蒸上聲。」謂拯無同韻之字無可爲切語者，故變例音蒸上聲也。庱殑殊三字爲增加字之最顯者，三字又皆已見十六蒸，今不録。

四十七證〇眙，《廣韻》作瞪，云：「陸韻作眙。」明本眙誤作胎。

二十四職〇堛，芳逼切。明本、顧本、曹本芒逼切，誤。《集韻》拍逼切，芳逼類隔，拍逼音和，可證芳字是也。〇此韻有赩衋[illegible]奭[illegible]五字許極切，與洫字況逼切音同。此五字惟衋見《尚書》，餘皆隱僻，雖不在韻末，亦增加字也。今不録。

登第十七	等第四十三	嶝第四十八	德第二十五
登 都滕	等 多肯	嶝 都鄧，隥音同	德 多則，得音同
僧 蘇增		[illegible] 思贈	塞 蘇則
崩 北滕			北 博墨

登第十七	增 作滕　揯 古恒　鼜 他登　漰 普朋	肱 古弘　薨 呼肱
等第四十三	倗 普等　肯 苦等	
嶝第四十八	增 子鄧　亙 古鄧　澄 台鄧　蹭 千鄧　⿱穴朋 方隥	
德第二十五	則 子德　裓 古得　黑 呼北　忒 他德　覆 匹北　刻 苦得　墄 七則　餩 愛黑	國 古或　⿰鬲或 呼或
右清聲		

續表

登第十七	楞魯登，棱音同	瞢武登	層昨棱	朋步崩	恆胡登	能奴登	騰徒登，滕音同	
					弘胡肱			
等第四十三						能奴等		
嶝第四十八	踜魯鄧	懵武亙	贈昨亙				鄧徒亙	倗父鄧
德第二十五	勒盧則	墨莫北	賊昨則	菔蒲北	劾胡得	齇奴勒	特徒得	
					或胡國			

右濁聲

四十八嶝〇踜，明本、顧本、曹本作倰。

二十五德〇墄，明本、顧本、曹本誤作搣。其注云：「階，齒也。」三本作「揩，齒也」。尤誤。

尤第十八	有第四十四	宥第四十九	
尤 羽求	有 云久	宥 于救，又祐音同	
劉 力求，流音同	柳 力久	溜 力救	
猷 以周，由音同	酉 與久	狖 余救	
牛 語求		鼽 牛救	
酋 自秋	湫 在九	就 疾僦	
讎 市流	受 殖酉	授 承呪	
柔 耳由	蹂 人九	輮 人又	
愁 士尤	⿰禾聚 士九	驟 鉏祐	

續表

尤第十八	囚似由　儔直由　裘巨鳩，求音同　浮縛謀　謀莫浮	憂於求　秋七由
有第四十四	紂除柳　舅其九　婦房久　狃女久	颩於柳
宥第四十九	岫似祐　冑直祐　舊巨救　復扶富　莓亡救　糅女救	趍七溜
	右濁聲	

尤第十八	遒即由	脩息流	抽丑鳩	犨赤周	周職流，州音同	收式州	丘去鳩	颩匹尤	鳩居求
有第四十四	酒子酉	滫息有	丑敕久	醜昌九	帚之九	首書九	糗去久		久舉有，九音同
宥第四十九	僦即就	秀息救	畜丑救	臭尺救	呪職救	狩舒救	齅丘救		救居祐

續表

尤第十八	不 鳩甫	搜 鳩所	鄒 鳩側	搊 鳩楚	休 尤許	輈 流張	
有第四十四	缶 方久，否音同	溲 有疎	掫 九側	鞇 九初	朽 久許	肘 柳陟	恒 否芳
宥第四十九	富 副方	瘦 祐所	皺 救側	簉 救初	齅 救許	晝 救陟	副 救敷

右清聲

十八尤〇此韻有怵惆毇三字去秋切，與丘字去鳩切音同，毇字又見四十九宥。此雖不在韻末，

亦增加字也，今不録。《類篇》怺在ㄐ部，《廣韻》从心旁，亦誤。

四十四有〇此韻有秠字芳婦切，與恒字芳否切音同，秠又已見六脂五旨。此增加字也，今不録。

四十九宥〇狖，余救切。明本、顧本念救切，念字即余字之誤。《集韻》余救切，可證。

侯第十九	侯 户鉤	羺 奴鉤	樓 落侯，婁音同	頭 度侯	齵 五婁	⿰⿱取豕刂 徂鉤	裒 薄侯
厚第四十五	厚 胡口，后音同	㝅 乃后	塿 郎斗	蕍 徒口	藕 五口		部 蒲口
候第五十	候 胡遘	槈 奴豆	陋 盧候，漏音同	豆 田候	偶 五遘	⿰⿱取豕刂 才奏	䏬 蒲候

續表

侯第十九	呣 侯亡		右濁聲	謳 侯烏	涑 侯速	彄 侯恪	齁 侯呼	緅 侯子	偷 侯託
厚第四十五	母 厚莫	鯫 垢仕		歐 后烏	叜 后蘇	口 后苦	吼 后呼	走 苟子	黈 口天
候第五十	茂 候莫			漚 候烏	瘷 奏蘇	寇 候苦	蔻 漏呼	奏 候側	透 候他

續表

侯第十九	鉤 古侯	兜 當侯	誰 千侯		
厚第四十五	苟 古厚，垢音同	斗 當口	趣 倉苟	掊 方垢	剖 普后
候第五十	遘 古候	鬥 都豆	輳 倉奏		仆 匹候

右清聲

十九侯〇⿰聚刂，徂鉤切。明本顧本作鄹鉏鉤切，誤。《集韻》⿰聚刂徂侯切，可證⿰聚刂字徂字是也。

四十五厚〇掊，方垢切，徐鍇布斗反。方垢類隔，布斗音和，蓋徐鍇所改。

五十候〇仆，匹候切。明本、顧本方候切，誤。《集韻》亦匹候切，可證也。徐鍇甫戊反，與方候切音同。仆字在十遇芳遇切，則在此韻疑當作芳候切。芳候類隔，匹候音和也。

幽第二十[七]	黝第四十六	幼第五十一	
幽 於虯	黝 於糾	幼 伊謬	
彪 甫休			
樛 居虯	糾 居黝		
犙 山幽			
稵 子幽			
飍 香幽，休音同			
		䠗 丘謬	
右清聲			
虯 渠幽	蟉 渠黝	𧾲 巨幼	
鏐 力幽			

續表

幽第二十	黝第四十六	幼第五十一	
淲皮彪 聱語蚪 繆武彪		謬靡幼	
右濁聲			

二十幽○彪，甫烋切。明本、顧本甫休切，徐鉉甫州切，皆誤也。休字州字在十八尤。○聱，語蚪切。明本、顧本語糾切，誤也。糾字在四十六黝。

侵第二十一	寑第四十七	沁第五十二	緝第二十六
侵七林 琛丑林	寑七稔 踸丑甚	沁七鴆 闖丑禁	緝七入 湁丑入

續表

侵第二十一	斟 職深，針音同	碪 知林	深 式針	心 息林	愔 挹淫	祲 子心			
					音 於金		欽 去金	歆 許金	金 居吟，今音同
寑第四十七	枕 章荏	戡 張甚	沈 式荏	罧 斯甚		[illegible] 子朕	坅 丘甚		
					㱃 於錦，飲同		顲 欽錦	廞 許錦	錦 居飲
沁第五十二	枕 之任	揕 知鴆	深 式禁		蔭 於禁	浸 子鴆			禁 居蔭
緝第二十六	執 之入	縶 陟立	溼 失入	靸 先立	揖 伊入	噍 子入		吸 許及	
					邑 於汲		泣 去急		急 居立，汲音同

續表

韻		右清聲	
侵第二十一	森所今　先側吟，簪音同　參楚簪　覘充針		尋徐林　林力尋
寑第四十七	㾕疎錦　墋初朕　瀋昌枕　稟筆錦　品丕飲		廩力稔，凜音同
沁第五十二	滲所禁　譖莊蔭　讖楚譖		臨良鴆
緝第二十六	歰色立　戢阻立　届初戢　鵖彼及		習似入　立力入

續表

侵第二十一	沈 直深	諶 氏任	任 如林	淫 餘針	魿 昨淫	䛘 女心			岑 鋤針
							琴 巨金	吟 魚金	
寑第四十七	朕 直稔	甚 常枕	荏 如甚，稔音同	潭 以荏	蕈 慈荏	拰 尼凜			
							噤 渠飲	僸 牛錦	頙 士痒
沁第五十二	鴆 直禁	甚 時鴆	妊 汝鴆，任音同				䑙 巨禁	吟 宜禁	
緝第二十六	蟄 直立	十 是執	入 人執	熠 羊入	集 秦入	孨 尼立	及 其立	岌 魚及	霵 仕戢

續表

侵第二十一	寑第四十七	沁第五十二	緝第二十六
	甚 食荏	賃 乃禁　類 于禁	熤 爲立　駉 皮及
右濁聲			

二十一侵〇諶，氏任切。徐鉉是吟切，誤也。與諶同音之忱字，徐鉉氏任切，可證。

四十七寑〇寑，明本、顧本作寢。下有寢字注云：「上同。」則第一字當作寑也。〇沈，式荏切。《廣韻》諸本式任切，誤也，任字在五十二沁。今從徐鍇。〇葚，食荏切。明本、顧本食忍切，誤也，忍字在十六軫。徐鍇常枕反，與甚字常枕切同。徐鉉常衽切，亦與甚字音同。〇顜，明本作顚，誤也。《集韻》亦作顚。明本、顧本士痒切，一，亦誤，此音只一字耳。

五十二沁〇闖，丑禁切。曹本丑林切，誤也。徐鍇五禁反，五字即丑字之誤。

二十六緝〇急，居立切，急與汲同音。此韻邑字於汲切，揖字伊入切，於伊聲同類，則汲入韻不同類；立字力入切，汲既與入韻不同類，則亦與立韻不同類，急字切語用立字，此其疏也。〇戢，阻立切。徐鍇左立反。《玉篇》《集韻》側立切，阻側聲同類，可證阻字是也。〇湁，丑入切。明本、顧本五入切，誤。《玉篇》丑入切《集韻》敕立切，丑敕聲同類，可證丑字是也。〇鵖，彼及切。徐鍇皮及反，與鴄字皮及切同，誤也。〇此韻末有斟字昌汁切。二徐子入切，與㠎字子入切同，《玉篇》亦子入切。蓋二徐所據《切韻》《唐韻》如此，《廣韻》析出，别爲昌汁切耳，今不録。

覃第二十二	覃 含徒	南 那含，男音同	含 男胡	婪 含盧
感第四十八	禫 感徒	腩 感奴	頷 感胡	壈 感盧
勘第五十三	醰 紺徒	妠 紺奴	憾 紺胡	顲 紺郎
合第二十七	沓 合徒	納 荅奴	合 閤侯	拉 合盧

續表

覃第二十二	蠶 含昨	謲 含五	右濁聲	參 含倉	諳 含烏	簪 含作	探 含他	耽 含丁	龕 含口
感第四十八	歜 感徂	顉 感五		慘 感七	晻 晻烏音感，同	昝 感子	襑 感他	黕 感都	坎 感苦
勘第五十三		儑 紺五		謲 紺七	暗 紺烏	篸 紺作	僋 紺他	馱 紺丁	勘 紺苦
合第二十七	雜 合徂	㬎 合五		⿺走參 合七	姶 合烏	帀 答子	錔 合他	答 荅都音合，同	溘 荅口

續　表

覃第二十二	峆 火含	毿 蘇含	弇 古南
感第四十八	顣 呼唵	糂 桑感	感 古禫
勘第五十三	顣 呼紺	俕 蘇紺	紺 古暗
合第二十七	欱 呼合	趿 蘇合	閤 古沓

右清聲

二十二覃〇龕，明本、顧本作龕，誤也。《説文》作龕。

四十八感〇顣，呼唵切，《説文》作顣。徐鉉下感下坎二切，二切同一音，誤也。《玉篇》火感切，《集韻》虎感切，呼火虎聲同類，可證呼字是也。徐鍇苦感反，與坎字音同，《廣韻》坎字下亦有顣字。

二十七合〇此韻末有遪字，張本士合切，明本、顧本、曹本于合切，皆誤。《玉篇》千合[八]切，《五音集韻》七合切，于字即千字之誤，士字即七字之誤。皆與遪字七合切音同，乃增加字也，今不録。

〇又有唈字烏荅切，與姶字烏合切音同，亦增加字，今不録。

韻目									右濁聲		
談第二十三	談 徒甘	藍 魯甘	慙 昨甘	酣 胡甘	蚶 武甘					甘 古三	擔 都甘
敢第四十九	噉 徒敢	覽 盧敢	槧 才敢		㜝 謨敢					敢 古覽	膽 都敢
闞第五十四	憺 徒濫	濫 盧瞰	暫 藏濫，蹔音同	憨 下瞰						䑢 古蹔	擔 都濫
盍第二十八	蹋 徒盍	臘 盧盍	埀 才盍	盍 胡臘			蚋 奴盍	傝 五盍		顉 古盍	敂 都盍

續表

談第二十三	三 甘蘇	坩 甘苦	舑 酣他	蚶 談呼			
敢第四十九	厳 敢口	𦯎 敢吐	喊 覽呼	灡 敢賞	黲 敢倉	䭙 敢子	埯 敢烏
闞第五十四	三 暫蘇	闞 矙苦濫，瞰[九]音同	賧 濫吐	䞶 濫呼			
盇第二十八	㑁 盇私	榼 盇苦	榻 盇吐	欱 盇呼	鰪 盇安	譫 盇章	

右清聲

二十三談○此韻末有暫字昨三切，與慙字昨甘切音同，增加字也，今不録。

二十八盍○皶，都盍切。張本都搕切，此韻無搕字，今從明本、顧本、曹本。○此韻末有囃𥗼䯻三字倉雜切，雜字在二十七合，此合韻增加字，誤入此韻也，今不録。明本、顧本、曹本倉囃切，尤誤。○又有砝鴦二字居盍切，與頦字古盍切音同，增加字也，今不録。

鹽第二十四	鹽 廉余	廉 鹽力	棎 占視	䨲 鹽汝	黏 廉女	炎 廉于	𪘐 廉語	潛 鹽昨
琰第五十	琰 冉以	斂 冉良	剡 染時	冉 而琰，染音同			顩 檢魚	漸 染慈
豔第五十五	豔 贍以	殮 驗力	贍 豔時	染 豔而			驗 窆魚	潛 豔慈
葉第二十九	葉 涉與	獵 涉良	涉 攝時	讘 涉而	聶 輒尼	曄 輒筠		捷 葉疾

續表

鹽第二十四	箝巨淹	燅徐鹽	天直廉	右濁聲	砭府廉	銛息廉	籤七廉	詹職廉，占音同	苫失廉
琰第五十	儉巨險				貶方斂		憸七漸	颭占琰	陝失冉
豔第五十五					窆方驗		壍七豔	占章豔	閃舒贍
葉第二十九	极其輒		牒直葉				妾七接	讋之涉	攝書涉

續表

鹽第二十四	韂 占處	霑 廉張	覘 廉丑	懕 鹽一	⿰忄咸 廉丘	尖 廉子			
				淹 炎央			襳 炎史		
琰第五十			諂 琰丑	黶 琰於	脥 琰謙	⿱潛食 冉子			
				奄 儉衣	頊 檢丘			險 檢虛	檢 奄居
豔第五十五	⿰足詹 豔昌		覘 豔丑	厭 豔於		⿰口韱 豔子			
				⿰忄弇 驗於					
葉第二十九	謵 涉叱			魘 葉於	⿸疒夾 涉去	接 葉即			
		輒 葉陟	銛 輒丑	敏 輒於			萐 輒山		⿰糹幼 輒居

右清聲

二十四鹽〇炎，于廉切。此韻淹字央炎切，懕字一鹽切，央一聲同類，則炎鹽韻不同類；鹽字余廉切，炎與鹽韻不同類，則亦與廉韻不同類，炎字切語用廉字，此其疏也。〇砭，府廉切，明本、顧本脱。〇䎱，汝鹽切，明本、顧本女鹽切。《集韻》如占切，汝如聲同類，可證汝字是也。〇此韻末有鍼字巨鹽切，與箝巨淹切音同，又已見二十一侵。此增加字，今不録。

二十九葉〇讘，而涉切，徐鍇之涉反，《玉篇》同。蓋讘字有二音，如此韻囁字之涉切，又而涉切也。〇輒，陟葉切。此韻敂字於輒切，魘字於葉切，則輒與葉韻不同類，輒字切語用葉字，亦其疏也。

添第二十五	忝第五十一	㮇第五十六	怗第三十
添 他兼	忝 他點	㮇 他念	怗 他協
髫 丁兼	點 多忝，玷音同	店 都念	聑 丁愜
謙 苦兼	嗛 苦簟	傔 苦念	愜 苦協
兼 古甜	嬚 兼玷	趝 紀念	頰 古協
馦 許兼			㗩 呼牒

續表

					右清聲			
添第二十五						甜 兼徒	鬑 兼勒	嫌 兼户
忝第五十一	憯 忝青					簟 玷徒	稴 忝力	鼸 忝胡
㮇第五十六		磯 念先	酓 念於	僭 念子		磹 念徒	稴 店力	
怗第三十		燮 協蘇		浹 協子		牒 協徒	甈 協盧	協 頰胡

續表

添第二十五	鮎奴兼		
忝第五十一	淰乃玷	㜸明忝	
㮇第五十六	念奴店		朁漸念
怗第三十	苶奴協		䕨在協

右濁聲

二十五添○徐鍇以沾字標目,《説文》無添字故也。

五十一忝○鼸,胡忝切。二徐丘檢切,檢字在五十琰。《玉篇》鼸胡簟切,《集韻》下忝切,胡下聲同類,忝簟韻同類,可證胡忝切是也。《集韻》琰韻又有鼸字丘檢切,與二徐同。

五十六㮇○此韻末有兼䭑二字古念切,與趝字紀念切音同。《集韻》兼趝音同,可證也。兼又已見二十五添,此增加字,今不録。《玉篇》趝他念切,則不與兼同音,然此韻㮇字他念切,若趝字亦他念切,則與㮇同音,亦增加字耳。

三十怗○此韻末有谍字先頰切，與燮蘇協切音同，增加字也，今不録。

咸第二十六	咸 讒胡	喦 咸五	諵 咸女	讒 咸士			
豏第五十二	豏 斬下		囝 減女	瀺 減士	湛 減徒	臉 減力	
陷第五十七	陷 韽户	顑 陷玉	諵 賺尼	儳 陷仕			賺 陷佇
洽第三十一	洽 夾侯	䀹 夾五	図 洽女	蓮 洽士			

右濁聲

續表

韻									
咸第二十六	緘咸古	攕咸所	[illegible]咸乙	[illegible]咸許	詀咸竹	鵮咸苦			
豏第五十二	鹼減古斬，音同	摻斬所	黯減乙	闞斬火		床減苦	斬減側	[illegible]減初	僴減丑
陷第五十七	䶃陷公		韽陷於		[illegible]陷陟	歉陷口	蘸陷莊		
洽第三十一	夾洽古	霎洽山	[illegible]洽烏	[illegible]洽呼	劄洽竹	[illegible]洽苦	眨洽側	插洽楚	[illegible]図丑

右清聲

五十二豏〇徐鍇《篆韻譜》以湛字標目，《説文》無豏字，故用湛字耳。其次第則湛部五十二、檻部五十三、儼部五十四是也。平聲二十六咸、二十七銜、二十八嚴，上聲豏韻字皆與咸韻字相承，檻韻字皆與銜韻字相承。儼韻字皆與嚴韻字相承。如摻字二音平聲在咸韻上聲在豏韻，巉字二音平聲在銜韻上聲在檻韻，颭字二音平聲在嚴韻上聲在儼韻，尤其明證《篆韻譜》次第密合。蓋陸氏之舊，今從之。《廣韻》五十二儼、五十三豏、五十四檻，則以儼韻越在豏檻之前，蓋因唐人同用而移其次第。平聲咸銜同用嚴凡同用，上聲豏檻同用與平聲一例，儼則不與范同用而與琰忝同用，故移在豏檻之前使與琰忝相接也。所以不以儼范同用者，儼范二韻字皆甚少，雖同用字仍少故也。〇湛，徒減切，二徐宅減切。徒減類隔，宅減音和，蓋二徐所改。〇此韻末有喊字呼豏切，與闞字火斬切音同，又已見四十九敢，此增加字，今不録。

五十七陷〇徐鍇《篆韻譜》陷部五十七、鑑部五十八、釅部五十九是也。釅即釅字平聲二十六咸、二十七銜、二十八嚴，去聲陷韻字皆與咸韻字相承，鑑韻字皆與銜韻字相承，釅韻字皆與嚴韻字相承。如猎字二音平聲在咸韻去聲在陷韻，監字二音平聲在銜韻去聲在鑑韻，颭字二音平聲在嚴韻去聲在釅韻，尤其明證《篆韻譜》次第密合。蓋陸氏之舊，今從之。《廣韻》五十七釅、五十八陷、五十九鑑，則以釅韻越在陷鑑之前，猶上聲以儼韻越在豏檻之前。顧千里《思適齋集》有《書宋槧廣韻後》一篇云：「豔第五十五，㮇同用，陷第五十七，鑑同用，鑑第五十八，釅第五十九，梵同用，此《廣韻》之

舊。張刻依《禮部韻略》艷與桥釅同用，陷與鑑梵同用，而移釅於陷鑑前。曹刻又依張刻而改。」今案明本、顧本與張曹二本同，非獨張氏、曹氏改之也。上聲儼豏檻三部亦非《廣韻》之舊，顧千里未言之，惜不得宋槧而考之耳。

三十一洽○䢔，《廣韻》諸本皆七洽切，七字乃士字之誤。《玉篇》䢔，士洽切。與䢔同音之騒字，《玉篇》士洽切；渫字，《玉篇》仕洽切；仕士同音，可證士字是也，今據以訂正《廣韻》○眨，側洽切，徐鍇則洽切。《集韻》側洽切，《玉篇》仄洽切，側仄同音，可證側字是也。○盇，明本、顧本作盇，未詳孰是。

銜第二十七	銜 户監　巉 鋤銜　巖 五銜　䢗 白銜	右濁聲
檻第五十三	檻 胡黤　巉 仕檻	
鑑第五十八	覽 胡懺　鑱 士懺　埿 蒲鑑	
狎第三十二	狎 胡甲　渫 丈甲	

續表

銜第二十七	攙楚銜	衫所銜	監古銜	嵌口銜		
檻第五十三	醶初檻	槧山檻	顩丘檻	黤於檻	獫荒檻	
鑑第五十八	儳楚鑒	釤所鑑	鑑格懺，鑒音同	儆許鑑	覱子鑑	
狎第三十二	翜所甲	甲古狎	鴨烏甲	呷呼甲		
右清聲						

五十三檻〇檻，胡黤切。徐鉉胡黯切，誤也。黯字在五十三豏。

五十八鑑〇此韻有黤字，音黯去聲而無切語，不合通例。且黯去聲則當在五十七陷，與五十二豏之黯字相承，不當在此韻矣。此字已見五十三檻，此增加字也，今不録。

三十二狎○渫，丈甲切。明本文甲切，誤。《集韻》直甲切，丈直聲同類，可證丈字是也。

嚴第二十八	嚴（語鹼）	鹼（虛嚴） 醃（於嚴） 㪁（丘嚴）
儼第五十四	儼（魚掩，广音同）	埯（於广） 㪁（丘广）
釅第五十九	釅（魚欠） 菱（亡劒）	脅（許欠） 㪁（丘釅）
業第三十三	業（魚怯） 殜（余業） 跲（巨業）	脅（虛業） 腌（於業） 怯（去劫） 劫（居怯）
	右濁聲	右清聲

五十四儼○儼，魚掩切，張本魯掩切，今從明本、顧本、曹本。徐鉉魚儉切，徐鍇魚檢反，掩儉檢皆在五十琰。此韻皆僻字，不可爲切語，故借用琰韻字。唐人以此韻與琰韻同用，亦以此之故也。○竾，《廣韻》諸本皆作欲，誤也。二十八嚴竾字丘嚴切又丘广切，此字丘广切即嚴韻竾字也，今改正。

五十九釅○釅，魚欠切；脅，許欠切；荾，亡劒切。欠劒二字皆在六十梵，此韻皆僻字，故借用也。○荾，張本、曹本作荾，疑誤。今從明本、顧本。

凡第二十九	范第五十五	梵第六十	乏第三十四
凡符咸	范防泛，犯音同 錽亡范	梵扶泛	乏房法 猦女法
右濁聲			
芝匹凡 欲	凵丘犯	欠去劒	

續表

凡第二十九						
范第五十五	腇 犯府	釩 犯峯	僩 犯丑			
梵第六十		汎 孚梵，泛音同		劎 欠居	俺 劎於	
乏第三十四	法 乏方	㕒 法孚	𤞣 法丑			猲 法起

右清聲

二十九凡〇凡，符咸切。此韻字少，故借用二十六咸之咸字也。徐鍇符嚴反，亦借用二十八嚴之嚴字。徐鉉浮芝切，蓋以借用他韻字不如用本韻字，故改之耳。然芝字隱僻，未必陸韻所有也。

○欿，明本、顧本作欲，曹本作㰹，疑曹本爲是。然無以定之。《集韻》作欦，丘凡切。《廣韻》欿字在芝字下，又脱切音，遂於芝字匹凡切下注「一二」字，以爲欿與芝同音也。今據《集韻》别出欿字，而闕其切音。

五十五范○范，防泛切。張本、曹本防錽切，今從明本、顧本。泛字在去聲六十梵，蓋因此韻字皆隱僻，故借用也。後人以泛字去聲，故改用錽字耳。

切韻考　卷六

通　論

古人音書，但曰：「讀若某，讀與某同。」然或無同音之字，則其法窮；雖有同音之字，而隱僻難識，則其法又窮。孫叔然始爲反語，以二字爲一字之音，而其用不窮，此古人所不及也。《顏氏家訓》云：「孫叔然剏《爾雅音義》，是漢末人獨知反語。至於魏世，此事大行。自兹厥後，音韻鋒出。」此所述音韻之學，出於反語，而溯源於孫叔然所剏，最爲明確，後儒亦無異説。至鄭漁仲《通志·藝文略》，始謂切韻之學，起自西域，舊所傳十四字貫一切音，謂之婆羅門書，此但知西域字母之學耳。顏之推博極羣書，且歸心於佛氏，《家訓》有《歸心篇》，盛稱佛教。若反語出於佛書，必無不知之理。惟沈存中《筆談》有云：「音韻之學，自沈約爲四聲，及天竺梵學入中國，其術漸密。」漁仲之説，實依倣於此。然《筆談》溯源於沈約，其言梵學入中國乃在沈約之後，當指後來梵僧入中國者言之，如吕維祺《音韻日月燈》所稱大唐舍利創字母三十者耳。《筆談》又云：「切韻之學，本出於西域，今切韻

之法，先類其字，各歸其母，凡三十六。」可見沈存中所謂切韻之學，指字母而言之也。自漁仲之後，多誤於其說者，如直齋《書録解題》云：「反切之學，自西域入於中國，至齊梁間盛行，然後聲病之學詳焉。」此尤與《筆談》之説相反，其誤甚矣。謂字母起自西域則是也，謂反切之學起自西域則誤也，鄭漁仲、陳直齋皆未之辨耳。

紀文達公云：「戴東原《聲韻考》於等韻之學以孫炎爲鼻祖，而排斥神珙反紐爲元和以後之説，然《隋書·經籍志》明載，梵書以十四字貫一切音，漢明帝時與佛書同入中國，安得以等韻之學歸諸神珙反謂爲孫炎之末派旁支哉？」《與余存吾太史書》文達此説亦本於鄭漁仲，其謂反切爲等韻之學則尤不可不辯也。自魏晉南北朝隋唐，但有反切，無所謂等韻，唐時僧徒依倣梵書取中國三十六字謂之字母，宋人用之以分中國反切韻書爲四等，然後有等韻之名。詳見外篇。溯等韻之源，以爲出於梵書，可也；至謂反切爲等韻，則不可也。反切在前，等韻在後也。顧亭林《音論》云：「反切之語，自漢以上即已有之。」引沈存中、鄭漁仲所云何不爲盍、不可爲叵、如是爲爾、而已爲耳、之乎爲諸、者焉爲旃以證之。澧案：鄭漁仲既知此，則亦知反切之語非起自西域矣。又考得蒺藜爲茨、不律爲筆數十條以證之。其語皆出於周秦時，豈在漢明帝之後乎？錢辛楣《答問》云：「《詩》三百篇興，而雙聲之祕大啟，乃謂始於西域，豈古聖賢之智乃出梵僧下耶？」又云：「自三百篇後，司馬長卿、楊子雲作賦，益暢其旨，於是孫叔然制爲反語。」錢氏之説，尤可釋紀氏之疑矣。《四庫總目·玉篇提要》云：「中國以雙

聲取反切，西域以字母統雙聲，此各得於聰明之自悟，華不襲梵，梵不襲華者也。稽其源流，具有端緒。」案：此《提要》蓋非文達之筆，其説公允矣。○姚姬傳《惜抱軒筆記》云：「孫炎所以悟切音之法，原本婆羅門之字母。」此尤武斷，不必辯。

《顏氏家訓》所云魏世反語大行者，顏師古《漢書注》引孟康如淳蘇林，皆有反音，是其證也。其云厥後音韻鋒出者，同時李登已作聲類，李登，魏左校令，見《隋書·經籍志》。此音韻鋒出之最先者。蓋有反語，則類聚之，即成韻書，此自然之勢也。邵二雲、畢秋帆作《漢魏音説》亦據薛綜《兩京賦注》韋昭《國語注》皆有反音，以證孫叔然之説當時盛行。見洪稚存《漢魏音》然則不但行於魏，且行於吴矣。叔然授學鄭康成之門人，稱東州大儒。見《三國志·王肅傳》薛綜從劉熙學。《三國志》本傳劉熙蓋亦鄭康成門人。《程秉傳》云：「逮事鄭康成，與劉熙考論大義。」《許慈傳》云：「師事劉熙，善鄭氏學。」綜與叔然師友淵源同出一家，故綜得傳叔然之學也。韋昭與綜之子瑩同撰《吴書》，本傳蓋又得綜之傳者，且昭自言見劉熙《釋名》信多佳者，乃作《辯釋名》本傳《釋名》以雙聲疊韻爲訓詁，正與反語之學相通也。反語既行於吴，故後來江左諸儒音韻之學甚盛，《經典釋文》多采其反切。鄭漁仲乃云江左之儒失立韻之源，此真謬説。江左諸儒之學，其源自出於孫吴，何失之有，漁仲未之知耳。

孫叔然立法之初謂之反，不謂之切，其後或言反，或言切。《顏氏家訓》云：「徐仙民《毛詩音》反驟爲在遘，《左傳音》切椽爲徒緣。」又云：「河北切攻字爲古琮。」據此則東晉及北朝已謂之切矣。顏

氏又云：「陽休之造《切韻》。《梁書·周顒傳》云：「顒著《四聲切韻》。」此又《切韻》之名在陸法言以前者。陸氏書既名《切韻》，則必言切不言反。《經典釋文》多引《切韻》，如《舜典》「讒，《切韻》仕咸反」，「殄，《切韻》徒典反」，《釋文》之例言反不言切，故改切爲反耳。唐元度《九經字樣》云：「避以反言，但紐四聲定其音旨。」此元度自言其著書之例。戴東原《聲韻考》引此，謂唐季避言反而改曰切，蓋未詳考也。《九經字樣》所謂但紐四聲者，如鬱字音氳入，刊字音渴平是也，非但不言反，且不用切語。《廣韻》拯字注云：「音蒸上聲。」即此例也。

封演《聞見記》云：「周顒好爲體語，因此切字皆有紐，紐有平上去入之異。」錢辛楣《養新録》疑體字，澧謂體語蓋即切語，不必疑也。《北齊書·徐之才傳》云：「尤好劇談體語。」是南北朝皆有體語之名也。

《廣韻》卷首題云：「陸法言撰本」，「儀同三司劉臻、外史顔之推、著作郎魏淵、武陽太守盧思道、散騎侍郎李若、國子博士蕭該、蜀王諮議參軍辛德源、吏部侍郎薛道衡已上八人同撰集」。此蓋陸氏《切韻》舊題也。陸氏序云：「儀同劉臻等八人同詣法言門宿。論及音韻。因論南北是非，古今通塞。蕭顔多所決定。魏著作謂法言曰：向來論難，疑處悉盡，何不隨口記之！法言握筆略記綱紀。」又云：「今遂取諸家音韻，古今字書，以前所記者，定之爲《切韻》五卷。剖析毫氂，分別黍累。」然則《切韻》之書，合八人之論難而成，陸氏復爲之剖別，故長孫訥言以爲無以加也。其後郭知元、孫

愐拾遺刊正者，不知若何。至關亮等諸家增字，蓋徒以多爲貴，宋修《廣韻》乃備載之。而陸氏元本遂爲所亂，甚可惜也。《新唐書·藝文志》有僧猷智《辨體補修加字切韻》五卷，《廣韻》不列其名，蓋亦在諸家增字之内也。

紀文達公以世俗誤謂今所行陰氏韻爲沈約韻，乃取沈約詩文之韻編爲《沈氏四聲考》，而譏陸氏《切韻》竊據沈氏而作。此亦文達之誤也。《南齊書·陸厥傳》云：「沈約等文皆用宫商，以平上去入爲四聲。以此制韻，有平頭、上尾、蠭腰、鶴膝。五字之中，音韻悉異；兩句之内，角徵不同。不可增減。」沈約撰《宋書·謝靈運傳論》亦云：「一簡之内，音韻盡殊；兩句之中，輕重悉異。」《梁書·沈約傳》云：「約撰《四聲譜》，以爲在昔詞人累千載而未悟，而獨得胸衿，窮其妙旨，自謂入神之作。」《南齊書·陸厥傳》載沈約《答厥書》云：「宫商之聲有五，文字之别累萬，十字之文顛倒相配，巧歷已不能盡。」此蓋曲折聲韻之巧。然則沈約《四聲譜》乃論詩文平仄之法，非韻書也。若韻書則李登、吕靜早有之，不得云千載未悟。況韻書豈能使五字音韻悉異，兩句角徵不同，十字顛倒相配乎？文達以《隋志》入之小學，定爲韻書，未免武斷矣。且即如文達之説以爲韻書，亦無以見陸氏書必同於沈氏。陸氏書名曰《切韻》，自以切語爲主，沈氏書有切語與否，不可考也。文達又云：「休文譜一卷不過收常用之字，且無注，故簡也。」然則休文譜無注亦必無切語，與陸氏書不同矣。休文有紐字圖，見《玉篇》卷末神珙反紐圖序。觀神珙圖，想見休文圖不過如此，亦不得云入神也。○《廣韻》卷末有雙聲疊韻法，尤粗

略，不知何人作。

《沈約傳》又云：「約撰《四聲譜》，武帝雅不好焉。武帝問周捨曰：何謂四聲？捨曰：天子聖哲是也。然帝竟不遵用。」《南史・梁武帝紀》云：「帝創同泰寺，開大通門以對寺之南門，取反語以協同泰。」案此謂同泰爲大，泰同爲通，大通爲同，通大爲泰也。此武帝遵用切語之法，平去清濁無不密合，而於沈約之譜則不遵用，亦可見沈約之譜與切語不相涉也。不遵用者，所作詩文平仄不用沈約之法也。

古無平上去入之名，借宮商角徵羽以名之。封演《聞見記》云：「李登撰《聲類》十卷以五聲命字。」《魏書・江式傳》云：「呂靜放李登《聲類》之法，作《韻集》五卷，宮商龣徵羽各爲一篇。」此所謂宮商龣徵羽，即平上去入四聲；其分爲五聲者，蓋分平聲清濁爲二也。陸氏《切韻》清濁合爲一韻，其平聲分爲二卷，但以字多而分之。孫愐《唐韻序・後論》云：「《切韻》者本乎四聲。必以五聲爲定，則參宮參羽，半徵半商，引字調音，各自有清濁，若細分其條目，則令韻部繁碎，徒拘桎於文辭。」此孫愐解説《切韻》之書分四聲不分五聲之故也。所謂宮羽徵商，即平上去入也。平上去入各有清濁，不可但分一聲之清濁以足五聲之數，若四聲皆分清濁爲二部則太繁碎，故不可分也。

古以四聲分爲宮商角徵羽，不知其分配若何。《宋書・范蔚宗傳》云：「性別宮商，識清濁。」此但言宮商，猶後世之言平仄也。蓋宮爲平，商爲仄歟？《謝靈運傳論》云：「欲使宮羽相變，低昂舛節。」

《隋書・潘徽傳》云："李登《聲類》、吕靜《韻集》始判清濁，纔分宫羽。"此皆但言宫羽，蓋宫爲平，羽亦爲仄歟？《南齊書・陸厥傳》云："前英已早識宫徵。"此但言宫徵，蓋宫爲平，徵亦爲仄歟？又云："兩句之内，角徵不同。"此但言角徵，蓋徵爲仄，角亦爲平歟？然則孫愐但云宫羽徵商而不言角，角即平聲之濁歟？以意度之當如是，然不可考矣。若段安節《琵琶録》以平聲爲羽，上聲爲角，去聲爲宫，入聲爲商，上平聲爲徵；《玉海》載徐景安《樂書》以上平聲爲宫，下平聲爲商，上聲爲徵，去聲爲羽，入聲爲角：凌次仲《燕樂考原》謂其任意分配，不可爲典要是也。戴東原《聲韻考》云："古之所爲五聲宫商角徵羽者，非以定文字音讀也。字字可宫可商，以爲高下之叙。後人膠於一字繆配宫商，此古義所以流失其本歟？"澧謂李登、吕靜時未有平上去入之名，借宫商角徵羽以名之，可也；既有平上去入之名而猶衍説宫商角徵羽，則真繆也。如米元章《畫史》，自言著《大宋五音正韻》一書，以五方立五行求五音，乃得一聲於孟仲季位，因金寄土，削去平上去入之號，表以宫商角徵羽之名。此元章之好奇，而不知適成其爲繆也。

四聲各有清濁，孫愐之論，最爲明確。江慎修《音學辨微》云："平有清濁，上去入皆有清濁，合之凡八聲。"桐城方以智以啌嗹上去入爲五聲，誤矣。蓋上去入之清濁，方氏不能辨也。澧謂上去入之清濁，不能辨者甚多，不獨方氏爲然。詳見外篇。皆由其方音如此，不可以口舌爭，但使目驗陸氏之切語，則了然明白。故澧爲《聲類考》四十條，每條以平聲建首，使可連類而知之，更無疑議矣。

劉鑑《切韻指南·自序》云：「時忍切腎字，其蹇切件字，其兩切强字，皆當呼如去聲。」此劉鑑能知腎、件、强三字爲上聲之濁，然謂呼如去聲，則非也。上聲之濁仍是上聲，非去聲也。

切語以上字定清濁，不知上去入各有清濁，則遇切語上字用上去入者，不辨所切爲何音。如東字德紅切，不知德字爲清音，則疑德紅切爲東之濁音矣；東之濁音無字。隆字力中切，不知力字爲濁音，則疑力中切爲隆之清音矣；隆之清音無字。洪字户公切，不知户字爲濁音，則疑户公切烘字矣；衝字尺容切，不知尺字爲清音，則疑尺容切重字矣。此上去入之清濁所以不可不知也。江慎修《音學辨微》云：「上一字不論四聲，下一字不論清濁。清濁定於上一字，不論下一字也。如德紅切東字，東清而紅濁；户公切紅字，紅濁而公清，俱可任取。後人韻書有嫌其清濁不類難於轉紐者，下一字必須以清切清，以濁切濁，固爲親切，然明者觀之，正不必如此。倘譏前人之切爲誤，則不知切法者矣。」江氏此説最爲明確，讀者可以了然矣。

切語之法，上字定清濁，而不論平上去入；下字定平上去入，而不論清濁。此出於自然，非勉强而爲之也。吴孫亮時童謡云：「於何相求常子閣？」常子閣者，反語石子岡也。《三國志》作成子閣，成與岡不合韻。此據《晉書·五行志》。常閣爲石，此石字古音，吴時未變者。石常皆濁，而石入常平不論也；石閣皆入，而石濁閣清不論也；閣常爲岡，岡閣皆清，而岡平閣入不論也；岡常皆平，而岡清常濁不論也。此與切語之法一一密合。童孺歌謡何知音學？豈非自然之天籟乎？顧亭林《音論》

所采南北朝反語十餘條，今考其清濁無不密合者。文多不録。

韻書分部用東冬鍾江諸字以爲標目，若雙聲之分類，則唐末僧家始有字母。字母未出之前，儒者傳習切語之學，以何者爲雙聲之標識乎？必以切語上一字矣。切語上字凡雙聲皆可用。今考《廣韻》切語上字四十類，每類之中常用者數字耳，合四十類常用者不過百餘字。此非獨《廣韻》切語常用之，凡隋唐以前諸書切語皆常用之。孫叔然《爾雅音》，今見於《釋文》者數十條。《釋詁》胎，大才反。箌，都耗反。昄，方滿反。頠，五果反。圮，房美反。寀，七代反。台，羊而反。揫，子由反。汔，虚乞反。妥，他果反。肆，虚貴反。呬，許器反。儴，如羊反。《釋言》敉，敷是反。光（今本《爾雅》作桄），古黄反。逫，徒荅反。迕（今本作逜），吾補反。耊，他結反。恨（今本作很），户墾反。《釋訓》儚，亡崩、亡冰二反。《釋器》縶，芳麥反。絇，九遇反。凝（今本作冰），牛烝反。辨，蒲莧反。《釋樂》巢，仕交、莊交二反，又徂交反。《釋天》著，直略反。《釋地》陓，於于反。底（今本作祁），之視反。厬，居衛反。《釋丘》沮，辭與、慈吕二反。《釋水》瀱，許廢反。湀，苦穴反。《釋草》葖，他忽反。荽，於爲反。萎，人垂反。蕁，徒南反。莙，居筠反。攈，居郡反。蔮，苦圭反。蔨，去貧反。蔞，力朱反。《釋木》杼，昌汝反。臧，子郎反。檝，七各、七路二反。蕡，符粉反。《釋蟲》蜚，甫尾反。蝍，子逸反。貈，户各反。朾，丈耕反。《釋鳥》鶨，敕亂反。《釋獸》寓，五胡、魚句二反。《釋畜》駽，犬縣反。犉（今本作駩），汝均反。其切語上字即《廣韻》常用之字，可知此等字實孫叔然以來師師相傳，以爲雙聲之標目，無異後世之字母也。吕維祺《音韻日月燈》云：「古人作切，有常用切脚者，若熟記之，亦翻切捷徑也。」吕氏此説與古法暗合，但

以爲捷徑，而未悟爲坦途耳。袁子讓《字學元元》亦有古人常切字一條，江慎修《音學辨微》亦有之。○澧嘗欲取孫叔然以後陸法言以前四部羣書之切語，鈔集分韻爲一書而未成。附記於此。

徐鼎臣校《説文》附唐韻音切，徐楚金爲《説文韻譜》用《切韻》音切，皆篤守古法，《説文繫傳》朱翺爲反切，則不用《切韻》《唐韻》矣。其切語上字，尤多爲古人所不用，如天字聽連反，帝字的例反，下字霞假反之類。可見其時爲切語之學者，不復以常用之字相傳也。《集韻》亦不用《廣韻》舊切，然切語上字多爲《廣韻》所常用，殆猶有未失其傳者乎！

《廣韻》每卷後所記新添類隔今更音和切者凡二十一字：卑（必移切）、陴（並之切○之當作支，各本皆誤）、眉（目悲切）、邳（並悲切）、悲（卜眉切）、肧（偏杯切）、頻（步真切）、彬（卜巾切）、緜（名延切）、⿸广雚（中全切）、閍（北盲切）、平（僕兵切）、凡（符芝切）、芝（敷凡切）、否（並鄙切）、貯（知吕切）、縹（偏小切）、摽（頻小切）、褾（邊小切）、裱（賓廟切）、窆（班驗切）。音和者，謂切語上字與所切之字雙聲也；類隔者，謂非雙聲也。如卑字府移切，府與卑非雙聲，故改爲必移切，必與卑乃雙聲也。餘皆倣此。然府卑非雙聲者乃後世之音，古音則府卑雙聲，陸氏沿用古書切語，宋人以其不合當時之音，謂之類隔。張守節《史記正義·論音例》云：「孫炎始作反音，又未甚切。」所謂未甚切者，即類隔也。如《爾雅音》「敉，敷是反；繴，芳麦反」之類是也。方密之《通雅》始辯其惑，錢辛楣《養新録》考辯尤詳。然宋人修《廣韻》，既以舊切爲不合，而於卷内仍不妄改，但附記於卷後。此北宋時風氣篤實，故可據其書以

考陸氏撰本也。《廣韻》亦偶有改舊切者，凡《廣韻》用音和切，而大徐《説文音》小徐《説文篆韻譜》用類隔切者是也。韻表後已記之矣。

切語之法，非連讀二字而成一音也。如同，徒紅切；蛩，渠容切；連讀而成音者，偶然相合耳。連讀二字成一音，誠爲直捷，然上字必用支魚歌麻諸韻字，下字必用喉音字。支魚歌麻韻無收音而喉音直出，其上不收，其下直接，故可相連而成一音，否則中有窒礙不能相連矣。然必拘此法，或所當用者有音無字，或雖有字而隱僻難識，此亦必窮之術也。而吕新吾《交泰韻》潘稼堂《類音》必欲爲之，於是以翌翁切終字，以竹硝切中字。夫字有不識乃爲切語，以終中易識之字而用翌硝難識之字爲切，不亦傎乎？孰若古人但取雙聲疊韻之爲坦途哉！西洋人金尼閣《西儒耳目資》亦以二字連讀爲一音，此則用其本國之法耳。

陸氏分二百六韻，每韻又有分二類三類四類者，非好爲繁密也，當時之音實有分別也。李涪《刊誤》云：「法言平聲以東農非韻，以東崇爲切；上聲以董勇非韻，以董動爲切；去聲以送種非韻，以送衆爲切；入聲以屋燭非韻，以屋宿爲切。何須東冬、中終，妄別聲律。」戴東原《答段若膺論韻書》云：「涪去法言非遠，已讀東冬如一，中終如一，譏其妄別矣。韻書既出，視爲約定俗成。然如東冬、中終之妄別，不必强爲之辭也。」澧謂李氏戴氏皆未詳考古書而輒詆陸氏爲妄，不知隋以前東農、董勇、送種、屋燭實不同韻，東冬、中終實不同音。以《玉篇》證之：東，德紅切；冬，都農切；農，奴冬切；

中，致隆切；　終，之戎切；　董，德孔切；　勇，餘隴切；　送，蘇貢切；　種，之用切；　屋，於鹿切；燭，之欲切。是東與冬、中與終，皆不同音；　東與農、董與勇、送與種、屋與燭，皆不同韻。顧野王切語分別甚明，不獨陸氏爲然也。唐以後聲音漸變，不能分別，故李涪妄譏之。其後米元章《畫史》亦云：「陸德明案：此當作陸法言。傳其祖説，故以東冬爲異，中鍾爲別，因其吴音，以聾後學。」直齋《書録解題》亦云：「韻書肇於陸法言，於是有音同韻異，若東冬鍾、魚虞模、庚耕清青登蒸之類。」此二説之誤，皆與李涪同。至元代《平水韻》而並鍾於冬，明《洪武正韻》又並冬於東，以此知隋以前之音細密，唐以後之音漸混。蓋古今聲氣不同，不知其所以然也。此猶古韻支脂之三部，「三百篇」分用，段懋堂考之甚明，而不能讀爲三種音，晚年以書問江晉三云：「足下能知其所以分爲三乎？僕老耄，倘得聞而死，豈非大幸？」此亦古人能分，今人不能分，時代所限，無可如何，不可妄譏古人也。謂陸氏《切韻》爲吴音者，尤誤。朱竹垞《與魏善伯書》嘗辯之，云：「法言家魏郡臨漳，同時纂韻八人惟蕭該家蘭陵，其餘皆北方之學者。」

既分二類三類四類而猶合爲一韻，此亦不欲過爲繁碎也。蓋審音則有分，而文辭用韻則不妨合，正如唐以後詩賦許數韻同用耳。東紅等字與中戎等字合爲東韻，猶後來冬鍾二韻同用也；　顔姦等字與還關等字合爲刪韻，猶後來寒桓二韻同用也。

平上去入四聲相承，東以下四韻，真以下十四韻，惟痕韻無入聲陽以下八韻，侵以下九韻，皆有入聲。支以下十二韻，蕭以下七韻，尤以下三韻，皆無入聲。鄭庠所分古韻如此，戴東原《聲韻考》亦如

此。今列爲表，秩然不紊，蓋陸氏之意本如是也。或疑爲異平同入，然質韻爲真韻入聲，如亦爲支韻入聲，則脂韻仍無入聲也；月韻爲元韻入聲，四聲相承皆有字，如亦爲魚韻入聲，則魚韻字多，月韻字少，不能相承也。然則不必異平同入也。

臻韻無上聲去聲，痕韻無入聲。戴東原《聲韻考》以隱韻𧤏字齔字焮韻齔字爲臻韻上聲去聲之字。《廣韻》二十四焮無齔字。《通志·七音略》《切韻指南》以沒韻𥤮字麧字爲痕韻入聲字。如此則真以下十四韻皆有四聲，然未必陸氏書本如此，故今亦不從也。

祭泰夬廢四韻有去聲而無平上入三聲，自來無知其説者。王懷祖云：「此非無所據而爲之，三百篇及羣經、《楚辭》，此四部之字皆不與至未霽怪隊同用。」詳見《經義述聞》，文多不録。此尤足見陸氏考古之精密，非後來所及矣。

《廣韻》同音之字雖多至數十字，皆合爲一條，惟於第一字注切語及同音字數，亦必陸氏舊例。此不但類聚羣分，不相雜厠，且使人易於識字。《隋書·經籍志》有《異字同音》一卷，亦此意也。如菄鶇倲𩜍恮諸字皆不常見，以其與東字同音，皆置之東字之下，則一展卷而盡識其音。故凡同一切語之字，必以常見之字爲首也。後世韻書改其例，以不常見之字置於韻末，其書非爲識字而作，但爲作詩賦之用，故今人直名之爲「詩韻」也。

顧千里《思適齋集》有《書宋槧、元槧廣韻後》各一篇，其《書元槧後》云：「今世之《廣韻》凡三：

一澤存堂詳本；一明內府略本；一局刻平上去詳而入略本。三者迥異，各有所祖傳。是樓所藏宋槧者，澤存堂刻之祖也。曹楝亭所藏宋槧第五卷配元槧者，局刻之祖也。此元槧者，明內府及家亭林重刻之祖也。局刻曾借得祖本校一過，知其多失真。澤存堂刻各書每每改竄，當更不免失真。亭林重刻，自言悉依元本，不敢添改一字，而所譌皆與明內府板同。是其稱元本者，元來之本，而亭林仍未見元槧也。至朱竹垞誤謂明之中涓刪注始成略本，不審何出，但非得見祖本早在元代，固未由定其不然矣[二]。又局刻所配入聲與此本亦迥異，疑宋代別有略本流傳如此也。」其《書宋槧後》云：「有曹楝亭圖記第五册，乃別配又一宋本，正揚州局刻本之所自出。局刻多失宋槧佳處，刻成之後，依張氏轉改，將去聲目録釃陷鑑三大字鑿補，而小字任其牴牾。戴東原撰《聲韻考》目之爲景祐塗改，而不知其出於曹氏手也。」澧案：近人考《廣韻》諸刻本，未有如顧氏此二篇之詳明者，故備録之。《紀文達公遺集》有《書明人重刻廣韻後》《書張氏重刻廣韻後》各一篇，考之亦詳。然謂略本在前，詳本在後，則未確也。以詳本校略本，其刪削之跡觸目皆是，可不辨而自明矣。

《張氏澤存堂重刊廣韻·朱竹垞序》云：「幸而《廣韻》僅存，則天之未喪斯文也。」顧亭林《書廣韻後》亦云：「其幸而存者，天之未喪斯文也。」此謂略本也。朱笥河《書澤存堂本後》云：「張氏之功不小，惜乎印本流佈近亦寥寥。」笥河當乾隆時文風極盛，已有寥寥之嘆，況今日乎！斯文未喪，幸有此書，又當寥寥之後學者，固當寶而讀之矣。近年湖南新化鄧氏有翻刻本。

切韻考外篇　序

澧爲《切韻考》以明隋唐以前切語之學，遂流覽後來所謂字母等子者以窮其餘波。蓋自漢末以來用雙聲疊韻爲切語，韻有東冬鍾江之目而聲無之。唐末沙門始標舉三十六字謂之字母，至宋人乃取韻書之字，依字母之次第而爲之圖，定爲開合四等，縱横交貫，具有苦心，遂於古來韻書切語之外别成一家之學。然自爲法以範圍古人之書，不能精密也。澧以此學由切語之學所變而成，故復爲考覈而題曰《外篇》，以《廣韻》切語上字考三十六字母，以二百六韻考開合四等，著其源委而指其得失，明其本法而祛其流弊。賴有通人之説導我先路成此一編，庶有補於聲韻之學也。少日爲此，迄今數十年，舊稿叢雜，爲我審定者，門人廖澤羣編修，通聲韻之學者也。光緒五年八月陳澧序。

切韻考外篇　卷一

切語上字分併爲三十六類考

居九魚九舉有俱舉朱舉居許規居隋吉居質紀居里几居履古公户公古紅過古卧各古落格古伯兼古甜姑古胡佳古腠詭過委　此爲見之類。見，古電切。

康苦岡枯苦胡牽苦堅空苦紅謙苦兼口苦后楷苦駭客苦格恪苦各苦康杜去丘據丘去鳩墟祛去魚詰去吉窺去隨羌去羊欽去金傾去營起墟里綺墟彼豈祛豨區驅豈俱　此爲溪之類。溪，苦奚切。

渠强魚强巨良求巨鳩巨其吕具其遇臼其九衢其俱其渠之奇渠羈暨具冀　此爲羣之類。羣，渠云切。

疑語其魚語居牛語求語魚巨宜魚羈擬魚紀危魚爲玉魚欲五疑古俄五何吾五乎研五堅遇牛具虞愚遇俱此爲疑之類。

多得何得德多則丁當經都當孤當都郎冬都宗　此爲端之類。端，多官切。

他託何託他各土吐他魯通他紅天他前台土來湯吐郎　此爲透之類。透，他候切。

徒同都同徒紅特徒得度徒故杜徒古唐堂徒郎田徒年陀徒何地徒四　此爲定之類。定，徒徑切。

奴乃都乃奴亥諾奴各内奴對妳奴禮那諾何〔一〕　此爲泥之類。泥，奴低切。

知陟離張陟良猪陟魚徵陟陵中陟弓追陟隹陟竹力卓竹角竹張六　此爲知之類。

抽丑鳩癡丑之楮褚丑吕丑敕久恥敕里敕恥力　此爲徹之類。徹，丑列切。

除直魚場直良池直離治持直之遲直尼佇直吕柱直主丈直兩直除力宅場伯　此爲澄之類。澄，直陵切。

尼女夷拏女加女尼吕　此爲孃之類。孃，女良切。

邊布玄布博故補博古伯百博陌北博墨博補各巴伯加　此爲幫之類。幫，博旁切。

滂普郎普滂古匹譬吉譬匹賜　此爲滂之類。

蒲薄胡步薄故裴薄回薄傍各白傍陌傍步光部蒲口　此爲並之類。並，蒲迥切。

方府良卑府移幷府盈封府容分府文府甫方矩鄙方美必卑吉彼甫委兵甫明筆鄙密陂彼爲畀必至　《廣韻》切語此十四字聲同類，字母家分之，以方封分府甫五字爲非之類，非，甫微切。卑幷鄙必彼兵筆陂畀九字入幫之類。

敷孚芳無妃芳非撫芳武芳敷方披敷羈峯敷容丕敷悲拂敷勿　《廣韻》切語此九字聲同類，字母家分之，以敷孚妃撫芳峯拂七字爲敷之類，披丕二字入滂之類。

房防符方縛符钁平符兵皮符羈附符遇符苻扶防無便房連馮房戎毗房脂弼房密浮縛謀父扶雨婢便俾

《廣韻》切語此十六字聲同類，字母家分之，以房防縛附符苻扶馮浮父十字爲奉之類，奉，扶隴切。平皮便毗弼婢六字入並之類。

明武兵無巫武夫彌武移亡武方眉武悲綿武延武文甫靡文彼文無分美無鄙望巫放莫慕各慕莫故模謨摸莫胡母莫厚　此爲明微二類。《廣韻》切語此十八字聲同類，字母家分之，以美明彌眉綿靡莫慕模謨摸母十二字爲明之類，無巫亡武文望六字爲微之類。微，無非切。

將即良子即里資即夷即子力則子德借子夜茲子之醉將遂姊將几遵將倫祖則古臧則郎作則落　此爲精之類。精，子盈切。

倉蒼七岡親七人遷七然取七庚七親吉青倉經采倉宰醋倉故麤麁倉胡千蒼先此雌氏雌此移　此爲清之類。清，七情切。

才昨哉徂昨胡在昨宰前昨先藏昨郎昨酢在各疾秦悉秦匠鄰匠疾亮慈疾之自疾二情疾盈漸慈染　此爲從之類。從，疾容切。

蘇素姑素桑故速桑谷桑息郎相息良悉息七思司息茲斯息移私息夷雖息遺辛息鄰息相即須相俞胥相居先蘇前寫息姐　此爲心之類。心，息林切。

徐似魚祥詳似羊辭辞似茲似詳里旬詳遵寺祥吏夕祥易隨旬爲　此爲邪之類。邪，似嗟切。

之止而止諸市章諸良征諸盈諸章魚翥章與支章移職之翼正之盛旨職雉占職廉脂旨移　此爲照之類。

照，之少切。〇莊側羊爭側莖阻側吕鄒側鳩簪側吟側仄阻力　《廣韻》切語此七字與上十二字聲不同類，字母家併爲一類，以上十二字爲三等，此七字爲二等。

昌尺良尺赤昌石充昌終處昌與叱昌栗春昌脣此爲穿之類。穿，昌緣切。〇初楚居楚創舉創瘡初良測初力叉初牙廁初吏芻測隅　《廣韻》切語此八字與上七字聲不同類，字母家併爲一類，以上七字爲三等，此八字爲二等。

牀士莊鋤鉏士魚犲士皆崱士力士仕鉏里崇鋤弓查鉏加雛仕于俟牀史助牀據此爲牀之類。〇神食鄰乘食陵食乘力實神質　《廣韻》切語此四字與上十二字聲不同類，字母家併爲一類，以上十二字爲二等，此四字爲三等。

書舒傷魚傷商式陽施式支失式質矢式視試式吏式識賞職賞書兩詩書之釋施隻始詩止　此爲審之類。審，式任切。〇山所閒疏疎所葅沙砂所加生所庚色所力數所矩所疏舉史疏士　《廣韻》切語此十字與上十四字聲不同類，字母家併爲一類，以上十四字爲三等，此十字爲二等。

時市之殊市朱常嘗市羊蜀市玉市時止植殖寔常職署常恕臣植鄰承署陵是氏承紙視承矢成是征　此爲禪之類。禪，市連切。

於央居央於良憶於力伊於脂依衣於希憂於求一於悉乙於筆握於角謁於歇紆憶俱挹伊入烏哀都哀烏開安烏寒煙烏前鷖烏奚愛烏代　此爲影之類。影，於丙切。

余餘予以諸夷以脂以羊已羊與章弋翼與職與余呂營余傾移弋支悅弋雪此爲喻之類。喻，羊戌切。○于羽俱羽雨王矩云雲王分王雨方韋雨非永于憬有云久遠雲阮榮永兵爲遠支洧榮美筠爲贇　《廣韻》切語此十四字與上十二字聲不同類，字母家併爲一類，以上十二字爲四等，此十四字爲三等。

呼荒烏荒呼光虎呼古馨呼刑火呼果海呼改呵虎何香許良朽許久羲許羈休許尤況許訪許虛呂興虛陵喜虛里虛朽居　此爲曉之類。曉，馨皛切。

胡乎户吳侯户鉤户侯古下胡雅黄胡光何胡歌　此爲匣之類。匣，胡甲切。

來落哀盧落胡賴落蓋落洛盧各勒盧則力林直林力尋呂力舉良呂張離呂支里良士郎魯當魯郎古練郎甸此爲來之類。

如人諸汝人渚儒人朱人如鄰而如之仍如乘兒汝移耳而止　此爲日之類。日，人質切。

唐宋時通行者《切韻》《唐韻》《廣韻》，作字母等子者之所據也。今《廣韻》猶存，故據以考字母等子也。《廣韻》切語上字四十類，唐末沙門三十六字母，則少四類。字母明微二類《廣韻》切語上字同一類，字母照穿牀審喻五類，每一類《廣韻》切語上字分二類，故四十類爲三十六類也。其幫滂並非敷奉六類，亦與《廣韻》切語上字分合不同，今皆臚列之，其得失則後別有論。

切韻考外篇　卷二[一]

二百六韻分併爲四等開合圖攝考

	見	溪	羣	疑	端	透
東第一	公（一古紅） 弓（三居戎）	空（一苦紅） 穹（三去宮）	窮（三渠弓）	𡸣（一五東）	東（一德紅）	通（一他紅）
董第一		孔（一康董）			董（一多動）	侗（一他孔）
送第一	貢（一古送）	控（一苦貢） 焪（三去仲）			涷（一多貢）	痛（一他貢）
屋第一	穀（一古禄） 菊（三居六）	哭（一空谷） 麴（三驅匊）	驧（三渠竹）	砡（三魚菊）	豰（一丁木）	禿（一他谷）

續表

	定	泥	知	徹	澄	孃	幫	滂	並	明
東第一	同一徒紅		中三陟弓	忡三敕中	蟲三直弓				蓬一薄紅	蒙一莫紅 瞢三莫中
董第一	動一徒揔	鬞一奴動					琫一邊孔		菶一蒲蠓	蠓一莫孔
送第一	洞一徒弄	齈一奴弄	中三陟仲		仲三直衆					霿一莫鳳
屋第一	獨一徒谷		竹三張六	蓄三丑六	逐三直六	肭三女六	卜一博木	扑一普木	暴一薄木	木一莫卜 目三莫六

續表

	非	敷	奉	精	清	從	心	照	照	穿
東第一				葼 一子紅	怱 一倉紅	叢 一徂紅	檧 一蘇公			
	風 三方戎	豐 三敷戎	馮 三房戎				嵩 四息弓	終 三職戎		充 三昌終
董第一				總 一作孔			敵 一先孔			
送第一	諷 三方鳳	賵 三撫鳳	鳳 三馮貢	糉 一作弄	謥 一千弄	𢾭 一徂送	送 一蘇弄			
					趥 四千仲			衆 三之仲		銃 三充仲
屋第一				鏃 一作木	瘯 一千木	族 一昨木	速 一桑谷			
	福 三方六	蝮 三芳福	伏 三房六	蹙 四子六	鼀 四七宿	歗 四才六	肅 四息逐	粥 三之六	縬 二側六	俶 三昌六

續表

	穿	牀	審	審	禪	影	喻	喻	曉	匣
東第一						翁 一烏紅			烘 一呼東	洪 一户公
		崇 二鋤弓					融 四以戎	雄 三羽弓		
董第一						蓊 一烏孔			嗊 一呼孔	澒 一胡孔
送第一						瓮 一烏貢			烘 一呼貢	哄 一胡貢
		㓻 二仕仲							䞒 三香仲	
屋第一						屋 一烏谷			殻 一呼木	縠 一胡谷
	珿 二初六		叔 三式竹	縮 二所六	熟 三殊六	郁 三於六	育 四余六	囿 三于六	蓄 三許竹	

續表

	來	日
東第一	籠 一 盧紅 隆 三 力中	戎 三 如融
董第一	矓 一 力董	
送第一	弄 一 盧貢	
屋第一	禄 一 盧谷 六 三 力竹	肉 三 如六

	見	溪	疑	端	透	定
冬第二	攻 一 古冬			冬 一 都宗	炵 一 他冬	彤 一 徒冬
腫第二				湩 一 都侗		
宋第二					統 一 他綜	
沃第二	梏 一 古沃	酷 一 苦沃	[illegible] 一 五沃	篤 一 冬毒		毒 一 徒沃

續表

	泥	幫	並	明	精	從	心	影	曉	匣	來
冬第二	農 一奴冬				宗 一作冬	賨 一藏宗	鬆 一私宗			碚 一户冬	
腫第二											
宋第二				雺 一莫綜	綜 一子宋		宋 一蘇統			碚 一乎宋	
沃第二	褥 一内沃	襮 一博木	僕 一蒲沃	瑁 一莫沃	傶 一將毒		洬 一先篤	沃 一烏酷	熇 一火酷	鵠 一胡沃	濼 一盧毒

	見	溪	羣	疑	知	徹	澄	孃	非	敷
鍾第三			蛩 三渠容	顒 三魚容		蹱 三丑凶	重 三直容	醲 三女容	封 三府容	峯 三敷容
腫第二	拱 三居悚	恐 三丘隴	梁 三渠隴		冢 三知隴	寵 三丑隴	重 三直隴		覂 三方勇	捧 三敷奉
用第三	供 三居用	恐 三區用	共 三渠用		湩 三竹用	踵 三丑用	重 三柱用		葑 三方用	
燭第三	輂 三居玉	曲 三丘玉	局 三渠玉	玉 三魚欲	瘃 三陟玉	楝 三丑玉	躅 三直録		轐 三封曲	

續表

	奉	精	清	從	心	邪	照	穿	牀
鍾第三	逢 三符容			從 四疾容		松 四祥容	鍾 三職容	衝 三尺容	
腫第二	奉 三扶隴	縱 四子冢			悚 四息拱		腫 三之隴	⿰重隹 三充隴	
用第三	俸 三扶用	縱 四子用		從 四疾用		頌 四似用	種 三之用		
燭第三	幞 三房玉	足 四即玉	促 四七玉		粟 四相玉	續 四似足	燭 三之欲	觸 三尺玉	贖 三神蜀

續表

	審	禪	影	喻	曉	來	日
鍾第三	舂 書容 三	鱅 蜀庸 三	邕 於容 三	容 餘封 四	胷 許容 三	龍 力鍾 三	茸 而容 三
腫第二		尰 時宂 三	擁 於隴 三	勇 余隴 四	洶 許拱 三	隴 力隴 三	宂 而隴 三 [三]
用第三			雍 於用 三	用 余頌 四		贚 良用 三	䩸 而用 三
燭第三	束 書玉 三	蜀 市玉 三		欲 余蜀 四	旭 許玉 三	録 力玉 三	辱 而蜀 三

右東冬鍾三韻四類舉平韻以該上去入三韻，後皆倣此。爲獨韻一圖

一等　東韻第一類　冬韻

二等　東韻第二類

三等　東韻第二類　去聲送韻第一類諷賵鳳三字　鍾韻

四等　東韻第二類　鍾韻

	見	溪	疑	端	知	徹	澄
江第四	江 古雙二	腔 苦江二	𡸣 五江二	椿 都江二		惷 丑江二	幢 宅江二
講第三	講 古項二						
絳第四	絳 古巷二				戇 陟降二	暙 丑絳二	幢 直絳二
覺第四	覺 古岳二	㱿 苦角二	嶽 五角二		斵 竹角二	逴 敕角二	濁 直角二

續表

	孃	幫	滂	並	明	照	穿	牀
江第四	醲 二女江	邦 二博江	胮 二匹江	龐 二薄江	厖 二莫江		囪 二楚江	淙 二士江
講第三		幫 二巴講		棒 二步項	[illegible] 二武項			
絳第四			胖 二匹絳				[illegible] 二楚絳	漴 二士絳
覺第四	搦 二女角	剥 二北角	璞 二匹角	雹 二蒲角	邈 二莫角	捉 二側角	娖 二測角	浞 二士角

續表

	審	影	曉	匣	來
江第四	雙所江二	胦握江二	肛許江二	栙下江二	瀧呂江二
講第三		慃烏項二	傋虛慃二	項胡講二	
絳第四	淙色絳二			巷胡絳二	
覺第四	朔所角二	渥於角二	吒許角二	學胡角二	犖呂角二

右江韻《切韻指掌圖》入陽養漾合口圖內，《四聲等子》則以江腔峣邦降龐厖胦肛栙諸字入宕攝開口圖內，上去入倣此。椿惷幢𦖻囱淙雙瀧諸字入宕攝合口圖內。上去入倣此。《切韻指南》則自爲江攝一圖，而分開合與《等子》同。

	見	溪	羣	疑	定	知	徹	澄	孃	滂
支第五	羈 居宜 開三 嬀 居爲 合三 賚 居隨 合四	攲 去奇 開三 虧 去爲 合三 闚 去隨 合四	奇 渠羈 開三 祇 巨支 開四	宜 魚羈 開三 危 魚爲 合三		知 陟離 開三 腄 竹垂 合三	摛 丑知 開三	馳 直離 開三 鬌 直垂 合三		𣬉 匹支 開四
紙第四	掎 居綺 開三 枳 居帋 開四 詭 過委 合三	綺 墟彼 開三 跪 去委 合三 跬 丘弭 合四	技 渠綺 開三 跪 渠委 合三	螘 魚倚 開三 硊 魚毁 合三		㨖 陟侈 開三	褫 敕豸 開三	豸 池爾 開三	狔 女氏 開三	㱟 匹靡 合三 諀 匹婢 合四
寘第五	寄 居義 開四 賜 詭僞 合三 瞡 規恚 合四[三]	企 去智 開四 觖 窺瑞 合三	芰 奇寄 開四	議 宜寄 開四 僞 危睡 合三	縋 地僞 合三	智 知義 開三 娷 竹恚 合四			諉 女恚 合四	譬 匹賜 開四

	非	敷	奉	明微	精	清	從	心	邪
支第五	卑 府移 開四 陂 彼爲 合三	鈹 敷羈 開三	皮 符羈 開三 陴 符支 開四	彌 武移 開四 糜 靡爲 合三	厜 姊宜 開四 貲 即移 開四 劑 遵爲 合四	雌 此移 開四	疵 疾移 開四	斯 息移 開四 眭 息爲 合四	隨 旬爲 合四
紙第四	彼 甫委 合三 俾 并弭 合四		被 皮彼 合三 婢 便俾 合四	靡 文彼 合三 渳 綿婢 合四	紫 將此 開四 觜 即委 合四	此 雌氏 開四	惢 才捶 合四	徙 斯氏 開四 髓 息委 合四	⿰犭隨 隨婢 合四
寘第五	臂 卑義 開四 賁 彼義 開三	帔 披義 開三	髲 平義 開三 避 毗義 合四		積 子智 開四	刺 七賜 開四	漬 疾智 開四	賜 斯義 開四 䅗 思累 合四	

	照	照	穿	穿	牀	牀	審	審	禪
支第五	支 開章三移	齜 開側二宜	眵 開叱三支 吹 合昌三垂	差 開楚二宜 衰 合楚二危		齹 開士二宜	纚 開式三支	釃 開所二宜 韉 合山二垂	提 開是三支 埀 合是三爲
紙第四	紙 開諸三氏 捶 合之三累	批 開側二氏	侈 開尺三氏	揣 合初二委	舓 開神三帋		弛 開施三是	躧 開所二綺	是 開承三紙 菙 合時三髓
寘第五	寘 開支三義 惴 合之三睡	𧚍 開爭二義	𨙸 開充三豉 吹 合尺三僞				翅 開施三智	屣 開所二寄	豉 開是三義 睡 合是三僞

續表

	影	喻	喻	曉	來	日
支第五	漪 於離 開三 逶 於爲 合三	移 弋支 開四 隋 悅吹 合四	爲 遠支 合三	犧 許羈 開三 訑 香支 開四 麾 許爲 合三 隓 許規 合四	離 呂支 開三 羸 力爲 合三	兒 汝移 開三 痿 人垂 合三
紙第四	倚 於綺 開三 委 於詭 合三	酏 移爾 開四 [illegible] 羊捶 合四	蔿 韋委 合三	[illegible] 興徛 開三 毀 許委 合三	邐 力紙 開三 絫 力委 合三	爾 兒氏 開三 蘂 如累 合三
寘第五	縊 於賜 開四 餧 於僞 合三 恚 於避 合四	易 以豉 開四 瓗 以睡 合四	爲 于僞 合三	戲 香義 開三 毀 況僞 合三 孈 呼恚 合四	詈 力智 開三 累 良僞 合三	枘 而瑞 合三

	見	溪
脂第六	飢 居夷 開三 龜 居追 合三	巋 丘追 合三
旨第五	几 居履 開三 軌 居洧 合三 癸 居誄 合四	巋 丘軌 合三
至第六	冀 几利 開三 媿 俱位 合三 季 居悸 合四	器 去冀 開三 喟 丘愧 合三 棄 詰利 合四

	脂第六	旨第五	至第六	
羣	鬐 渠脂 開三 逵 渠追 合三 葵 渠追 合四	跽 暨几 開三 郈 暨軌 合三 揆 求癸 合四	臮 具冀 開三 匱 求位 合三 悸 其季 合四	
疑	狋 牛肌 開三		劓 魚器 開三	
定			地 徒四 開四	
知	胝 竹尼 開三 追 陟隹 合三	黹 豬几 開三	致 陟利 開三 轛 追萃 合三	
徹	絺 丑飢 開三	駷 楮几 開三	杘 丑利 開三	
澄	墀 直尼 開三 鎚 直追 合三	雉 直几 開三	緻 直利 開三 墜 直類 合三	
孃	尼 女夷 開三	柅 女履 開三	膩 女利 開三	
滂	紕 匹夷 開四	嚭 匹鄙 合三	屁 匹寐 開四 濞 匹備 合三	
非	悲 府眉 合三	匕 卑履 開四 鄙 方美 合三	痹 必至 開四 祕 兵媚 合三	

續表

照	邪	心	從	清	精	微明	奉	敷	
脂 開旨 三夷		私 開息 四夷	茨 開疾 四資	郪 開取 四私	咨 開即 四夷		毗 開房 四脂		脂第六
錐 合職 三追		綏 合息 四遺			嶉 合醉 四綏	眉 合武 三悲	邳 合符 三悲	丕 合敷 三悲	
旨 開職 三雉	兕 開徐 四姊	死 開息 四姊			姊 開將 四几		牝 開扶 四履		旨第五
			嶵 合徂 四累	趡 合千 四水	濢 合遵 四誄	美 合無 三鄙	否 合符 三鄙		
至 開脂 三利		四 開息 四利	自 開疾 四二	次 開七 四四	恣 開資 四四	寐 開彌 四二	鼻 開毗 四至		至第六
	遂 合徐 四醉	邃 合雖 四遂	萃 合秦 四醉	翠 合七 四醉	醉 合將 四遂	郿 合明 三祕	備 合平 三祕		

續表

	穿	穿	牀	審	審	禪	影	喻	喻
脂第六	鴟 開處三脂 推 合春三隹			尸 開式三脂	師 開疏二夷 衰 合所二追	誰 合視三隹	伊 開於三脂	姨 開以四脂 惟 合以四追	帷 合洧三悲
旨第五				矢 開式三視 水 合式三軌		視 開承三矢	歖 開於三几	唯 合以四水	洧 合榮三美
至第六	痓 開充三自 出 合尺三類	⿰丵皮 合楚二愧	示 開神三至	屍 開矢三利 ⿸疒水 合釋三類	帥 合所二類	嗜 開常三利	懿 開乙三冀	肄 開羊四至 遺 合以四醉	位 合于三愧

	曉	來	日
脂第六	咦 喜夷 開三 倠 許維 合三	棃 力脂 開三 漯 力追 合三	蕤 儒隹 合三
旨第五	[目商] 火癸 合四	履 力几 開三 壘 力軌 合三	惢 如壘 合三
至第六	齂 虛器 開三 豷 許位 合三 [目商] 香季 合四	利 力至 開三 類 力遂 合三	二 而至 開三

	見	溪	羣	疑
之第七	姬 居之 開三	欺 去其 開三	其 渠之 開三	疑 語其 開三
止第六	紀 居理 開三	起 墟里 開三		擬 魚紀 開三
志第七	記 居吏 開三	亟 去吏 開三	忌 渠記 開三	𩔣 魚記 開三

續　表

	泥	知	徹	澄	精	清	從	心	邪
之第七			癡 丑之 開三	治 直之 開三	茲 子之 開四		慈 疾之 開四	思 息茲 開四	詞 似茲 開四
止第六	伱 乃里 開三	黴 陟里 開三	恥 敕里 開三	峙 直里 開三	子 即里 開四			枲 胥里 開四	似 詳里 開四
志第七		置 陟吏 開三	眙 丑吏 開三	值 直吏 開三		載 七吏 開四	字 疾置 開四	笥 相吏 開四	寺 詳吏 開四

續表

	照	照	穿	穿	牀	審	審	禪	影
之第七	之 止而開三	菑 側持開二	蚩 赤之開三	輜 楚持開二	漦 俟之開二	詩 書之開三		時 市之開三	醫 於其開三
止第六	止 諸市開三	滓 阻史開二	齒 昌里開三	剩 初紀開二[四]	士 鉏里開二	始 詩止開三	史 疎士開二	市 時止開三	譩 於擬開三
志第七	志 職吏開三	胾 側吏開二	熾 昌志開三	廁 初吏開二	事 鉏吏開二	試 式吏開三	駛 疎吏開二	侍 時吏開三	意 於記開三

	喻	喻	曉	來	日	見	溪
之第七 / 微第八	飴 與之 開四		僖 許其 開三	釐 里之 開三	而 如之 開三	機 居依 開三 歸 舉韋 合三	巋 丘韋 合三
止第六 / 尾第七	以 羊已 開四	矣 于紀 開三	喜 虛里 開三	里 良士 開三	耳 而止 開三	蟣 居豨 開三 鬼 居偉 合三	豈 祛豨 開三
志第七 / 未第八	異 羊吏 開四		憙 許記 開三	吏 力置 開三	餌 仍吏 開三	既 居豙 開一 貴 居胃 合三	氣 去既 開三 槩 丘畏 合三

續表

韻	羣	疑	非	敷	奉	微	影	喻	曉
微第八	祈 開渠三希	沂 開魚三衣					依 開於三希		希 開香三衣
		巍 合語三韋	奜 合甫三微	霏 合芳三非	肥 合符三非	微 合無三非	威 合於三非	幃 合雨三非	揮 合許三歸
尾第七		顗 開魚三豈					扆 開於三豈		豨 開虛三豈
			匪 合府三尾	斐 合敷三尾	膹 合浮三鬼	尾 合無三匪	磈 合於三鬼	韙 合于三鬼	虺 合許三偉
未第八	䤒 開其三既	毅 開魚三既					衣 開於三既		欷 開許三既
		魏 合魚三貴	沸 合方三味	費 合芳三未	鷽 合扶三沸	未 合無三沸	尉 合於三胃	胃 合于三貴	諱 合許三貴

右支脂之微四韻十類爲開口合口二圖

開口一等　無

開口二等　支韻第二類　脂韻第二類　之韻

開口三等　支韻第一類第二類　脂韻第一類第二類　之韻　微韻第一類

開口四等　支韻第一類　脂韻第一類　之韻

合口一等　無

合口二等　支韻第三類

合口三等　支韻第三類　微韻第二類

合口四等　支韻第四類　脂韻第二類第三類

	見	溪	羣
魚第九	居 九魚 三	虛 去魚 三	渠 强魚 三
語第八	擧 居許 三	去 羌擧 三	巨 其呂 三
御第九	據 居御 三	㰦 丘倨 三	遽 其據 三

續表

	疑	端	知	徹	澄	孃	精	清	從
魚第九	魚 三語居		豬 三陟魚	攄 三丑居	除 三直魚	袽 三女余	且 四子魚	疽 四七余	
語第八	語 三魚巨	貯 三丁呂		楮 三丑呂	佇 三直呂	女 三尼呂	苴 四子與	⿰月皮 四七與	咀 四慈呂
御第九	御 三牛倨		著 三陟慮	絮 三抽據	箸 三遲倨	女 三尼據	怚 四將預	覻 四七慮	

續　表

	心	邪	照	照	穿	穿	牀	牀
魚第九	胥 四相居	徐 四似魚	諸 三章魚	菹 二側魚		初 二楚居	鉏 二士魚	
語第八	諝 四私呂	敘 四徐呂	鬻 三章與	阻 二側呂	杵 三昌與	楚 二創舉	齟 二牀呂	紓 三神與
御第九	絮 四息據[五]	屐 四徐預	翥 三章恕	詛 二莊助	處 三昌據	楚 二瘡據	助 二牀據	

續表

	審	審	禪	影	喻	曉	來	日
魚第九	書 三傷魚	疏 二所葅	蜍 三署魚	於 三央居	余 四以諸	虛 三朽居	臚 三力居	如 三人諸
語第八	暑 三舒呂	所 二疎舉	野 三承與	扵 三於許	與 四余呂	許 三虛呂	呂 三力舉	汝 三人渚
御第九	恕 三商署	疏 二所去	署 三常恕	飫 三依倨	豫 四羊洳	嘘 三許御	慮 三良倨	洳 三人恕

	見	溪	羣	疑	知	徹	澄	非	敷	奉
虞第十	拘 三舉朱	區 三豈俱	衢 三其俱	虞 三遇俱	株 三陟輸	貙 三敕俱	廚 三直誅	跗 三甫無	敷 三芳無	扶 三防無
麌第九	矩 三俱雨	齲 三驅雨	窶 三其矩	麌 三虞矩	拄 三知庾		柱 三直主	甫 三方矩	撫 三芳武	父 三扶雨
遇第十	屨 三九遇	驅 三區遇	懼 三其遇	遇 三牛具	註 三中句	閏 三丑注[六]	住 三持遇	付 三方遇	赴 三芳遇	附 三符遇

續表

	微	精	清	從	心	照	照	穿	穿	牀
虞第十	無 三武夫	諏 四子于	趨 四七逾		須 四相俞	朱 三章俱	㑳 二莊俱	樞 三昌朱	芻 二測隅	㮲 二仕于
麌第九	武 三文甫		取 四七庾	聚 四慈庾	𦆢 四相庾	主 三之庾				䝒 二鶵禹
遇第十	務 三亡遇	緅 四子句	娶 四七句	埾 四才句	㪷 四思句	注 三之戍			菆 二芻注	
	微	精	清	從	心	照	照	穿	穿	牀

	審	審	禪	影	喻	喻	曉	來	日
虞第十	輸 三式朱	毹 二山芻	殊 三市朱	紆 三憶俱	逾 四羊朱	于 三羽俱	訏 三況于	慺 三力朱	儒 三人朱
麌第九		數 二所矩	豎 三臣庾	傴 三於武	庾 四以主	羽 三王矩	詡 三況羽	縷 三力主	乳 三面主
遇第十	戍 三傷遇	棟 二色句	樹 三常句	嫗 三衣遇	裕 四羊戍	芋 三王遇	昫 三香句	屢 三良遇	孺 三而遇

	見	溪	疑	端	透	定	泥	幫	滂	並
模第十一	孤一古胡	枯一苦胡	吾一五乎	都一當孤	瑹一他胡	徒一同都	奴一乃都	逋一博孤	稃一普胡	酺一薄胡
姥第十	古一公户	苦一康杜	五一疑古	覩一當古	土一他魯	杜一徒古	怒一奴古	補一博古	普一滂古	簿一裴古
暮第十一	顧一古暮	絝一苦故	誤一五故	妒一當故	菟一湯故	渡一徒故	笯一乃故	布一博故	怖一普故	捕一薄故

續　表

	明	精	清	從	心	影	曉	匣	來
模第十一	模 一莫胡	租 一側吾	麤 一倉胡	徂 一昨胡	蘇 一素姑	烏 一哀都	呼 一荒烏	胡 一户吴	盧 一落胡
姥第十	姥 一莫補	祖 一則古	蔖 一采古	粗 一徂古		隖 一安古	虎 一呼古	户 一矦古	魯 一郎古
暮第十一	暮 一莫故	作 一臧祚	厝 一倉故	祚 一昨誤	訴 一桑故	汙 一烏路	謼 一荒故	護 一胡誤	路 一洛故

右魚虞模三韻三類爲獨韻一圖

一等　模韻

二等　魚韻　虞韻

三等　魚韻　虞韻

四等　魚韻　虞韻

	見	溪	疑	端	透
齊第十二	雞 古奚 開四 圭 古攜 合四	谿 苦奚 開四 睽 苦圭 合四	倪 五稽 開四	低 都奚 開四	梯 土雞 開四
薺第十一		啓 康禮 開四	堄 研啓 開四	邸 都禮 開四	體 他禮 開四
霽第十二	計 古詣 開四 桂 古惠 合四	契 苦計 開四	詣 五計 開四	帝 都計 開四	替 他計 開四

續表

	定	泥	徹	幫	滂	並	明	精	清
齊第十二	嗁 杜奚 開四	泥 奴低 開四		豍 邊兮 開四	磇 匹迷 開四	鼙 部迷 開四	迷 莫兮 開四	齎 祖雞 開四	妻 七稽 開四
薺第十一	弟 徒禮 開四	禰 奴禮 開四		鞞 補米 開四	頩 匹米 開四	陛 傍禮 開四	米 莫禮 開四	濟 子禮 開四	泚 千禮 開四
霽第十二	第 特計 開四	泥 奴計 開四	遾 丑戾 開四	閉 博計 開四	媲 匹詣 開四	薜 蒲計 開四	謎 莫計 開四	霽 子計 開四	砌 七計 開四

續表

韻	從	心	禪	影	曉	匣	來	日
齊第十二	齊 徂奚 開四	西 先稽 開四	栘 成臡 開四	鷖 烏奚 開四 烓 烏攜 合四	醯 呼雞 開四 睳 呼攜 合四	奚 胡雞 開四 攜 户圭 合四	黎 郎奚 開四	臡 人兮 開三
薺第十一	薺 徂禮 開四	洗 先禮 開四		吟 烏弟 開四		徯 胡禮 開四	禮 盧啟 開四	
霽第十二	嚌 在詣 開四	細 蘇計 開四		翳 於計 開四	欪 呼計 開四 嘒 呼惠 合四	蒵 胡計 開四 慧 胡桂 合四	麗 郎計 開四	

	見	溪	羣	疑	定	知	徹	澄	滂
祭第十三	猘 開三 居例 劌 合三 居衛	憩 開三 去例	偈 開三 其憩[七]	藝 開四 魚祭	滯 開四 徒例	⿸疒帶 開三 竹例 綴 合一 陟衛	跇 開三 丑例	⿰金芮 合三 除芮[八]	潎 開四 匹蔽

續表

	明	非	奉	精	清	心	邪	照	穿
祭第十三	袂開彌四獘	蔽開必四袂	獘開毗四祭	祭開子四例 蕝合子四芮	毳合此四芮	歲合相四鋭	篲合祥四歲	制開征三例 贅合之三芮	掣開尺三制

祭第十三	毳 合楚二稅	世 開舒三制 稅 合舒三鋭	幓 開所二例 啐 合山二芮	逝 開時三制 啜 合嘗三芮	緆 開於三罽	曳 開餘四制 鋭 合以四芮	衞 合于三劌	例 開力三制	芮 合而三鋭
	穿	審	審	禪	影	喻	喻	來	日

	見	溪	疑	端	透	定	泥	幫	滂	並
泰第十四	蓋古太開一 儈古外合一	磕苦蓋開一 檜苦會合一	艾五蓋開一 外五會合一	帶當蓋開一 祋丁外合一	泰他蓋開一[九] 娧他外合一	大徒蓋開一 兑杜外合一	柰奴帶開一	貝博蓋開一	霈普蓋開一	旆蒲蓋開一

續表

	明	精	清	從	心	影	曉	匣	來
泰第十四	眛 莫貝 開一		蔡 倉大 開一			藹 於蓋 開一	餀 呼艾 開一	害 胡蓋 開一	賴 盧蓋 開一
		最 祖外 合一	襊 麤最 合一	蕞 才外 合一	礣 先外 合一	懀 烏外 合一	譮 呼會 合一	會 黃外 合一	酹 郎外 合一

	見	溪	羣	疑	泥	知	徹	澄	幫	滂
佳第十三	佳 古膎 開二			崖 五佳 開二	覣 妳佳 開二		扠 丑佳 開二			
	媧 古蛙 合二	咼 苦緺 合二								
蟹第十二	解 佳買 開二	芐 苦蟹 開二	箉 求蟹 開二		嬭 奴蟹 開二			豸 宅買 開二	擺 北買 開二	
卦第十五	懈 古隘 開二	嫛 苦賣 開二		睚 五懈 開二		膪 竹賣 開二				
	卦 古賣 合二									派 匹卦 合二

	並	明	非	照	穿	牀	審	影	曉	匣
佳第十三	牌 開薄二佳	䁹 開莫二佳			釵 開楚二佳	柴 開士二佳	崽 開山二佳	娃 開於二佳	瞖 開火二佳	[illegible] 開户二佳
								蛙 合烏二緺	竵 合火二緺	鼃 合户二緺
蟹第十二	罷 開薄二蟹	買 開莫二蟹					灑 開所二蟹	矮 開烏二蟹		蟹 開胡二買
卦第十五		賣 開莫二懈	[illegible] 開方二賣	債 開側二賣[一〇]	差 開楚二懈	[illegible] 開士二懈	曬 開所二賣	隘 開烏二懈	謑 開火二懈	邂 開胡二懈
	粺 合傍二卦		庍 合方二卦						諣 合呼二卦	畫 合胡二卦

	見	溪	疑	定	泥	知	徹	孃	幫	滂
皆第十四	皆 開古諧二	揩 開口皆二	⿱雨衣 開擬皆二		搱 開諾皆二	⿰齒來 開卓皆二	搋 開丑皆二			
	乖 合古懷二	匯 合苦淮二		尵 合杜懷二						
駭第十三		楷 開苦駭二	騃 開五駭二							
怪第十六	誡 開古拜二	烗 開苦戒二	⿰耳家 開五介二					褹 開女介二	⿰扌樊 開布戒二	湃 開普拜二
	怪 合古壞二	蒯 合苦怪二	聵 合五怪二							

	並	明	照	穿	牀	審	影	曉	匣	來
皆第十四	排 開步二皆	埋 開莫二皆	齋 開側二皆	差 開楚二皆	豺 開士二皆	崽 開山二皆	挨 開乙二諧	俙 開喜二皆	諧 開户二皆	唻 開賴二諧
					膗 合仕二懷			虺 合呼二懷	懷 合户二乖	腂 合力二懷
駭第十三							挨 開於二駭		駭 開侯二楷	
怪第十六	憊 開蒲二拜	昒 開莫二拜	瘵 開側二界			鎩 開所二拜	噫 開烏二界	譮 開許二介	械 開胡二介	
								⿰豸舌 合火二怪	壞 合胡二怪	

夬第十七

見	溪	徹	澄	幫	並	明	清	穿	牀
夬 合古二邁	快 合苦二夬	蠆 開丑二介	𦤦 合除二邁	敗 合補二邁	敗 合薄二邁	邁 合莫二話	啐 合蒼二夬	嘬 合楚二夬	寨 合犲二夬

續表

	影	曉	匣
夬第十七	黵 合烏二快	咶 合火二夬	話 合下二快

	見	溪	疑	端
灰第十五	傀 合公一回	恢 合苦一回	鮠 合五一灰	磓 合都一回
賄第十四		䫥 合口一猥[一一]	頠 合五一罪	䐶 合都一罪
隊第十八	憒 合古一對	塊 合苦一對	磑 合五一對	對 合都一隊

續　表

	透	定	泥	知	幫	滂	並	敷	明	微
灰第十五	⿰車隹 合他一回	穨 合杜一回	⿰巾⿱要女 合乃一回		桮 合布一回		裴 合薄一回	肧 合芳一杯	枚 合莫一杯	
賄第十四	骽 合吐一猥	錞 合徒一猥	餧 合奴一罪	⿱髟内 合陟一賄			琲 合蒲一罪		浼 合武一罪	
隊第十八	退 合他一内	隊 合徒一對	内 合奴一對		背 合補一妹	配 合滂一佩	佩 合蒲一昧		妹 合莫一佩	

續表

	精	清	從	心	影	喻	曉	匣	來
灰第十五	嗺 臧回 合一	崔 倉回 合一	摧 昨回 合一	膗 素回 合一	隈 烏恢 合一		灰 呼恢 合一	回 户恢 合一	雷 魯回 合一
賄第十四	嶊 子罪 合一	皠 七罪 合一	辠 徂賄 合一		猥 烏賄 合一	倄 于罪 合一	賄 呼罪 合一	瘣 胡罪 合一	磥 落猥 合一
隊第十八	晬 子對 合一	倅 七內 合一		碎 蘇內 合一	尯 烏繢 合一		誨 荒內 合一	潰 胡對 合一	類 盧對 合一

	見	溪	疑	端	透	定	泥	滂	並	明
咍第十六	該 古哀 開一	開 苦哀 開一	皚 五來 開一	⿰黑臺 丁來 開一	胎 土來 開一	臺 徒哀 開一	能 奴來 開一	娝 普來 開一		
海第十五	改 古亥 開一	愷 苦亥 開一		等 多改 開一	⿰口臺 他亥 開一	駘 徒亥 開一	乃 奴亥 開一	啡 匹愷 開一	倍 薄亥 開一	穤 莫亥 開一
代第十九	溉 古代 開一	慨 苦溉 開一	礙 五溉 開一	戴 都代 開一	貸 他代 開一	代 徒耐 開一	耐 奴代 開一			

續表

	奉	精	清	從	心	穿	影	喻	曉
咍第十六	掊 扶來 開一	烖 祖才 開一	猜 倉才 開一	裁 昨哉 開一	鰓 蘇來 開一	犆 昌來 三	哀 烏開 開一		咍 呼來 開一
海第十五		宰 作亥 開一	采 倉宰 開一	在 昨宰 開一		茝 昌紿 開三	欸 於改 開一	䑂 與改 開一	海 呼改 開一
代第十九		載 作代 開一	菜 倉代 開一	載 昨代 開一	賽 先代 開一		愛 烏代 開一		儗 海愛 開一

	匣	來	日
咍第十六	孩 户來 開一	來 落哀 開一	
海第十五	亥 胡改 開一	銤 來改 開一	疓 如亥 開三
代第十九	瀣 胡槩 開一	賚 洛代 開一	

	羣	疑	非	敷
廢第二十	衛 渠穢 合三	刈 魚肺 合三	廢 方肺 合三	肺 芳吠 合三

續表

	奉	影	曉
廢第二十	吠合符三廢	穢合於三廢	喙合許三穢

右齊佳皆灰咍五韻去聲多祭泰夬廢四韻。十四類爲開口合口二圖

開口一等　泰韻第一類　咍韻

開口二等　佳韻第一類　皆韻第一類

開口三等　祭韻第一類

開口四等　齊韻第一類　祭韻第一類

合口一等　泰韻第二類　灰韻

合口二等　佳韻第二類　皆韻第二類　夬韻

合口三等　祭韻第二類　廢韻

合口四等　齊韻第二類　祭韻第二類

	見	溪	羣	疑	端	知	徹	澄
真第十七	巾 居銀 開三 麏 居筠 合三	囷 去倫 合三	𥟐 巨巾 開三	銀 語巾 開三		珍 陟鄰 開三	獜 丑人 開三	陳 直珍 開三
軫第十六	緊 居忍 開四		窘 渠殞 合三	釿 宜引 開四			辴 丑忍 開三	紖 直引 開三
震第二十一		菣 去刃 開四	僅 渠遴 開四	憖 魚覲 開四		鎮 陟刃 開三	疢 丑刃 開三	敶 直刃 開三
質第五	吉 居質 開四 暨 居乙 開三	詰 去吉 開四	姞 巨乙 開三	耴 魚乙 開三	螲 丁悉 開四	窒 陟栗 開三 茁 徵筆 開三	抶 丑栗 開三	秩 直一 開三

續表

	孃	滂	非	敷	奉	微明	精	清	從
真第十七	紉 女鄰 開三	繽 匹賓 開四	賓 必鄰 開四 彬 府巾 開三		頻 符真 開四 貧 符巾 開三	民 彌鄰 開四 珉 武巾 開三	津 將鄰 開四	親 七人 開四	秦 匠鄰 開四
軫第十六					牝 毗忍 開四	泯 武盡 開四 愍 眉殞 合三	⿰木盡 即忍 開四	笉 七忍 開四	盡 慈忍 開四
震第二十一			儐 必刃 開四	朮 撫刃 開四			晉 即刃 開四	親 七遴 開四	
質第五	暱 尼質 開三	匹 譬吉 開四	必 卑吉 開四 筆 鄙密 開三		邲 毗必 開四 弼 房密 開三	蜜 彌畢 開四 密 美筆 開三	堲 資悉 開四	七 親吉 開四	疾 秦悉 開四

續表

	心	邪	照	照	穿	穿	牀	牀	審
真第十七	新 開息四鄰			真 開側二鄰	瞋 開昌三真			神 開食三鄰	申 開失三人
軫第十六			軫 開章三忍						弞 開式三忍
震第二十一	信 開息四晉	賮 開徐四刃	震 開章三刃			櫬 開初二襯			眒 開試三刃
質第五	悉 開息四七		質 開之三日		叱 開昌三栗	剢 開初二栗	齜 開仕二叱	實 開神三質	失 開式三質

續表

	審	禪	影	喻	喻	曉	匣	來	日
真第十七		辰 植鄰 開三	因 於真 開四 囙 於巾 開三 贇 於倫 合三	寅 翼真 開四	筠 王春 合三		礥 下珍 開四	粦 力珍 開三	仁 如鄰 開三
軫第十六		腎 時忍 開三		引 余忍 開四	殞 于敏 合三			嶙 良忍 開三	忍 而軫 開三
震第二十一		慎 時刃 開三	印 於刃 開四	胤 羊晉 開四		衅 許覲[一二] 開四		遴 良刃 開三	刃 而振 開三
質第五	率 所律 合二		一 於悉 開四 乙 於筆 開三	逸 夷質 開四	颶 于筆 開三	欯 許吉 開四 肸 羲乙 開三		栗 力質 開三	日 人質 開三

	見	溪	知	徹	澄	滂	精	清	從	心	邪
諄第十八	均 合居 四匀		屯 合陟 三綸	椿 合丑 三倫	䣋 合直 三倫	砏 合普 三均	遵 合將 四倫	逡 合七 四倫	鷷 合昨 四旬	荀 合相 四倫	旬 合詳 四遵
準第十七		⿸厂緊 合丘 四尹		偆 合癡 三準						筍 合思 四允	
稕第二十二							儁 合子 四峻			⿰阝峻 合私 四閏	殉 合辭 四閏
術第六	橘 合居 四聿		怵 合竹 三律	黜 合丑 三律	朮 合直 三律		卒 合子 四聿	焌 合倉 四聿	崒 合慈 四卹	卹 合辛 四聿	

續表

	照	照	穿	牀	審	禪	喻	曉	來	日
諄第十八	諄 合章三倫		春 合昌三脣	脣 合食三倫		純 合常三倫	勻 合羊四倫		淪 合力三迍	犉 合如三勻
準第十七	準 合之三尹		蠢 合尺三尹	盾 合食三尹	賰 合式三允		尹 合余四準		輪 合力三準	蝡 合而三允
稕第二十二	稕 合之三閏			順 合食三閏	舜 合舒三閏					閏 合如三順
術第六		黜 合側二律	出 合赤三律	術 合食三聿			聿 合餘四律	獝 合許四聿	律 合呂三卹	

	照	牀	審
臻第十九	臻 側詵 開二	蓁 士臻 開二	莘 所臻 開二
櫛第七	櫛 阻瑟 開二	齜 崱瑟 開二	瑟 所櫛 開二

	見	溪	羣	疑
文第二十	君 舉云 合三		羣 渠云 合三	
吻第十八		䵯 丘粉 合三		齳 魚吻 合三
問第二十三[一三]	攈 居運 合三		郡 渠運 合三	
物第八	亥 九物 合三	屈 區勿 合三	倔 衢物 合三	崛 魚勿 合三

續表

	滂	非	敷	奉	微	影	喻	曉
文第二十		分合府三文	芬合撫三文	汾合符三文	文合無三分[一四]	煴合於三云	雲合王三分	薰合許三云
吻第十八		粉合方三吻	忿合敷三粉	憤合房三吻	吻合武三粉	惲合於三粉	抎合云三粉	
問第二十三[一三]	湓合匹三問	糞合方三問		分合扶三問	問合亡三運	醞合於三問	運合王三問	訓合許三運
物第八		弗合分三勿	拂合敷三勿	佛合符三弗	物合文三弗	鬱合紆三物	䬐合王三勿	䬍合許三勿

	見	溪	羣	疑	照	穿	影	曉
殷第二十一	斤 開舉 二欣		勤 開巨 三斤	𧇊 開語 三斤			殷 開於 三斤	欣 開許 三斤
隱第十九	謹 開居 三隱	赾 開丘 三謹	近 開其 三謹	听 開牛 三謹	鱶 開仄 二謹	齓 開初 二謹	隱 開於 三謹	𧖅 開休 三謹
焮第二十四	靳 開居 三焮		近 開巨 三靳	垽 開吾 三靳			𠐩 開於 三靳	焮 開香 三靳
迄第九	訖 開居 三乞	乞 開去 三訖	趷 開其 三迄	疙 開魚 三迄				迄 開許 三訖

	見	溪	羣	疑	非	敷	奉	微	穿	影	喻	曉
元第二十二	攓 開居三言	攑 開丘三言	䭈 開巨三言	言 開語三軒						蔫 開謁三言		軒 開虛三言
				元 合愚三袁	蕃 合甫三煩	飜 合孚三袁	煩 合附三袁	樠 合武三元		鴛 合於三袁	袁 合雨三元	暄 合況三袁
阮第二十	湕 開居三偃	言 開去三偃	寋 開其三偃	言 開語三偃						偃 開於三幰		幰 開虛三偃
		綣 合去三阮	圈 合求三晚	阮 合虞三遠	反 合府三遠		飯 合扶三晚	晚 合無三遠		婉 合於三阮	遠 合雲三阮	晅 合況三晚
願第二十五	建 開居三万		健 開渠三建	甗 開語三堰						堰 開於三建		獻 開許三建
	韏 合居三願	券 合去三願[一五]	圈 合臼三万	願 合魚三怨	販 合方三願	嬔 合芳三万	飯 合符三万	万 合無三販	簸 合叉三万	怨 合於三願	遠 合于三願	楥 合虛三願
月第十	訐 開居三竭		揭 開其三謁	钀 開語三訐						謁 開於三歇		歇 開許三竭
	厥 合居三月	闕 合去三月	鱖 合其三月	月 合魚三厥	髮 合方三伐	怖 合拂三伐	伐 合房三越	韤 合望三發		嬮 合於三月	越 合王三伐	颰 合許三月
	見	溪	羣	疑	非	敷	奉	微	穿	影	喻	曉

	見	溪	疑	端	透	定	泥	幫	滂	並
魂第二十三	昆 古渾合一	坤 苦昆合一	僤 牛昆合一	敦 都昆合一	暾 他昆合一	屯 徒渾合一	黁 奴昆合一	奔 博昆合一	濆 普魂合一	盆 蒲奔合一
混第二十一	鯀 古本合一	閫 苦本合一			畽 他衮合一	囤 徒損合一	炳 乃本合一	本 布忖合一	翉 普本合一	獖 蒲本合一
慁第二十六	睔 古困合一	困 苦悶合一	顐 五困合一	頓 都困合一		鈍 徒困合一	嫩 奴困合一		噴 普悶合一	坌 蒲悶合一
没第十一	骨 古忽合一	窟 苦骨合一	兀 五忽合一	咄 當没合一	宊 他骨合一	突 陀骨合一	訥 内骨合一		誖 普没合一	勃 蒲没合一

	明	非	精	清	從	心	影	曉	匣	來
魂第二十三	門 合莫一奔		尊 合祖一昆	村 合此一尊	存 合徂一尊	孫 合思一渾	昷 合烏一渾	昏 合呼一昆	魂 合户一昆	論 合盧一昆
混第二十一	懣 合模一本		剸 合茲一損	忖 合倉一本	鱒 合才一本	損 合蘇一本	穩 合烏一本	緫 合虛一本	混 合胡一本	恖 合盧一本
慁第二十六	悶 合莫一困	奔 合甫一悶	焌 合子一寸	寸 合倉一困	鐏 合徂一悶	巽 合蘇一困	搵 合烏一困	惛 合呼一悶	慁 合胡一困	論 合盧一困
沒第十一	沒 合莫一勃		卒 合臧一沒	猝 合倉一沒	捽 合昨一沒	窣 合蘇一骨	頞 合烏一沒	忽 合呼一骨	搰 合户一骨	柭 合勒一沒

	見	溪	疑	透	影	匣
痕第二十四	根 古痕 開一		垠 五根 開一	呑 吐根 開一	恩 烏痕 開一	痕 户恩 開一
很第二十二	頣 古很 開一	墾 康很 開一				很 胡懇 開一
恨第二十七	艮 古恨 開一		皚 五恨 開一		饐 烏恨 開一	恨 胡艮 開一

右真諄臻文殷魂痕七韻[一六]九類爲開口合口二圖元韻不入此二圖

開口一等　痕韻

開口二等　臻韻

開口三等　真韻第一類第二類　殷韻

開口四等　真韻第一類

合口一等　魂韻
合口二等
合口三等　真韻第三類　諄韻　文韻
合口四等　諄韻

	見	溪	疑	端	透	定	泥
寒第二十五	干 古寒 開一	看 苦寒 開一	豻 俄寒 開一	單 都寒 開一	灘 他干 開一	壇 徒干 開一	難 那干 開一
旱第二十三	笴 古旱 開一	侃 空旱 開一		亶 多旱 開一	坦 他但 開一	但 徒旱 開一	
翰第二十八	旰 古案 開一	侃 苦旰 開一	岸 五旰 開一	旦 得按 開一	炭 他旦 開一	憚 徒案 開一	攤 奴案 開一
曷第十二	葛 古達 開一	渴 苦曷 開一	嶭 五割 開一	怛 當割 開一	闥 他達 開一	達 唐割 開一	捺 奴曷 開一

續表

	精	清	從	心	影	喻	曉	匣	來
寒第二十五		餐 開七一安	殘 開昨一干	跚 開蘇一干	安 開烏一寒		頇 開許一干	寒 開胡一安	蘭 開落一干
旱第二十三	䰖 開作一旱		瓚 開藏一旱	散 開蘇一旱			罕 開呼一旱	旱 開胡一笴	嬾 開落一旱
翰第二十八	贊 開則一旰	粲 開蒼一案	嬧 開徂一贊	繖 開蘇一旰	按 開烏一旰		漢 開呼一旰	翰 開侯一旰	爛 開郎一旰
曷第十二		攃 開七一曷	巀 開才一割	躠 開桑一割	遏 開烏一葛	藒 開予四割	𩓥 開許一葛	曷 開胡一葛	剌 開盧一達

	見	溪	疑	端	透	定	泥	幫	滂	並
桓第二十六	官 古丸 合一	寬 苦官 合一	岏 五丸 合一	端 多官 合一	湍 他端 合一	團 度官 合一		䵶 北潘 合一	潘 普官 合一	槃 薄官 合一
緩第二十四	管 古滿 合一	款 苦管 合一		短 都管 合一	疃 吐緩 合一	斷 徒管 合一	煗 乃管 合一	粄 博管 合一	坢 普伴 合一	伴 薄滿 合一
換第二十九	貫 古玩 合一	⿰金欵 口喚 合一	玩 五換 合一	鍛 丁貫 合一	彖 通貫 合一	段 徒玩 合一	偄 奴亂 合一	半 博幔 合一	判 普半 合一	叛 薄半 合一
末第十三	括 古活 合一	闊 苦括 合一	枂 五活 合一	掇 丁活 合一	侻 他括 合一	奪 徒活 合一		撥 北末 合一	鏺 普活 合一	跋 蒲撥 合一

續　表

	明	精	清	從	心	邪	影	曉	匣	來
桓第二十六	瞞 合母一官	鑽 合借一官		欑 合在一丸	酸 合素一官		剜 合一一丸	歡 合呼一官	桓 合胡一官	鑾 合落一官
緩第二十四	滿 合莫一旱	纂 合作一管			算 合蘇一管	鄹 合辥一纂	椀 合烏一管		緩 合胡一管	卵 合盧一管
換第二十九	縵 合莫一半	穳 合子一筭	竄 合七一亂	攢 合在一玩	筭 合蘇一貫		惋 合烏一貫	喚 合火一貫	換 合胡一玩	亂 合郎一段
末第十三	末 合莫一撥	䰉 合姊一末	撮 合倉一括	柮 合藏一活			斡 合烏一括	豁 合呼一括	活 合户一括	捋 合郎一括

	見	溪	疑	端	徹	孃	幫	滂	並	奉
删第二十七	姦 開古二顏	馯 開丘二姦	顏 開五二姦							
	關 合古二還		⿸疒帚 合五二還			奻 合女二還	班 合布二還	攀 合普二班		
潸第二十五										
			齗 合五二板		⿱日⿸尸彖 合丑二晏[一七]	赧 合女二版	版 合布二綰	眅 合普二板		阪 合扶二板
諫第三十	諫 開古二晏		鴈 開五二晏							
	慣 合古二患		薍 合五二患			奻 合女二患		襻 合普二患		
黠第十四	戛 開古二黠	䯦 開恪二八				痆 開女二黠	八 開博二拔	汃 開普二八	拔 開蒲二八	
	劀 合古二滑	⿰骨力 合口二滑	⿰齒出 合五二滑	窡 合丁二滑		豽 合女二滑				

續　表

韻	明微	照	穿	牀	審	影	曉	匣
刪第二十七					删 開所二姦			
	蠻 合莫二還	跧 合阻二頑			⿰木寰 合數二還	彎 合烏二關		還 合户二關
潸第二十五								僩 開下二赧
	矕 合武二板	醡 合側二板	㹽 合初二板	⿰齒戔 合士二板	潸 合數二板	綰 合烏二板		睆 合户二板
諫第三十	慢 合謨二晏		羼 開初二鴈	輚 開士二諫	訕 開所二晏	晏 開烏二澗		骭 開下二晏
			篡 合初二患		孿 合生二患	綰 合烏二患		患 合胡二八
黠第十四		札 開側二八	齺 開初二八		殺 開所二八	軋 開烏二黠	傄 開呼二八	黠 開胡二八
	⿰亻密 合莫二八	茁 合鄒二滑				婠 合烏二八		滑 合户二八

	見	溪	疑	端	透	知	徹	澄	孃	幫
山第二十八	閒 古閑 開二 鰥 古頑 合二	慳 苦閑 開二	訮 五閑 開二			譠 陟山 開二		獮 直閑 開二	嘫 女閑 開二	
産第二十六	簡 古限 開二	齦 起限 開二	眼 五限 開二							
襉第三十一	襉 古莧 開二							袒 丈莧 開二		
鎋第十五	鶷 古鎋 開二 刮 古頒 合一	䈪 枯鎋 開二	齾 五鎋 開二 刖 五刮 合二	鵽 丁刮 合二	獺 他鎋 開二	哳 陟鎋 開二	頢 丑刮 合二		妠 女刮 合二	捌 百鎋 開二

續表

	滂	並	非	明微	從	照	穿	穿	牀
山第二十八			媥 開方 二閑		虥 開昨 二閑		⿰犭單 開充 二山		虥 開士 二山
產第二十六				⿺鬼旦 開武 二簡		醆 開阻 二限		剗 開初 二限 ⿰忄産 合初 二綰	棧 開士 二限
襉第三十一	盼 開匹 二莧	瓣 開蒲 二莧		蔄 開亡 二莧					
鎋第十五				礣 開莫 二鎋				刹 開初 二鎋 篡 合初 二刮	鏩 開查 二鎋

續表

	審	影	曉	匣	來	日
山第二十八	山所間開二	黰烏閑開二	譱許間開二	閑户間開二	斕力閑開二	
産第二十六	産所簡開二			限胡簡開二		
襇第三十一				莧侯襇開二		
				幻胡辨合二		
鎋第十五		鶡乙鎋開二	瞎許鎋開二	鎋胡瞎開二		髵而鎋開二
	刷數刮合二			頢下刮合二		

	見	溪
先第一	堅古賢開四	牽苦堅開四
	涓古玄合四	
銑第二十七	繭古典開四	窒牽繭開四
	く姑泫合四	犬苦泫合四
霰第三十二	見古電開四	俔苦甸開四
	睊古縣合四	
屑第十六	結古屑開四	猰苦結開四
	玦古穴合四	闋苦穴合四

續表

	疑	端	透	定	泥	幫	滂	並	明
先第一	妍 開四 五堅	顛 開四 都年	天 開四 他前	田 開四 徒年	秊 開四 奴顛	邊 開四 布賢		蹁 開四 部田	眠 開四 莫賢
銑第二十七	齞 開四 研峴[一八]	典 開四 多殄	腆 開四 他典	殄 開四 徒典	撚 開四 乃殄			辮 合四 薄泫	搷 開四 彌殄
霰第三十二	硯 開四 吾甸	殿 開四 都甸	瑱 開四 他甸	電 開四 堂練	晛 開四 奴甸		片 開四 普麪		麪 開四 莫甸
屑第十六	齧 開四 五結	窒 開四 丁結	鐵 開四 他結	姪 開四 徒結	涅 開四 奴結		撆 開四 普蔑	蹩 開四 蒲結	蔑 開四 莫結

	非	精	清	從	心	牀	影	曉	匣	來
先第一		箋 開則四前	千 開蒼四先	前 開昨四先	先 開蘇四前	狗 合崇四玄	煙 開烏四前 淵 合烏四玄	祆 開呼四煙 鋗 合火四玄	賢 開胡四田 玄 合胡四涓	蓮 開落四賢
銑第二十七	編 開方四典				銑 開蘇四典		蝘 開於四殄	顯 開呼四典	峴 開胡四典 泫 合胡四畎	
霰第三十二		薦 開作四甸	蒨 開倉四甸	荐 開在四甸	霰 開蘇四佃		宴 開於四甸 鋗 合烏四縣	韅 開呼四甸 絢 合許四縣	見 開胡四甸 縣 合黃四絢	練 開郎四甸
屑第十六	粥 開方四結	節 開子四結	切 開千四結	截 開昨四結	屑 開先四結		噎 開烏四結 抉 合於四決	奆 開虎四結 血 合呼四決	纈 開胡四結 穴 合胡四決	奊 開練四結

	見	溪	羣	疑	端	知	徹	澄	孃	滂
仙第二	甄 開三 居延 勬 合三 居員	愆 開三 共乾 弮 合三 丘圓	乾 開三 渠焉 權 合三 巨員		⿸厂雚 合三 丁全	邅 開三 張連	脠 開三 丑延 猭 合三 丑緣	纏 開三 直連 椽 合三 直攣		
獮第二十八	蹇 開三 九輦 卷 合四 居轉	遣 開三 去演	件 開三 其輦 圈 合四 渠篆	齴 開三 魚蹇		展 開三 知演 轉 合三 陟兗	搌 開三 丑善	邅 開三 除善 篆 合三 持兗	趁 開三 尼展	
線第三十三	眷 合三 居倦 絹 合四 吉椽	譴 開三 去戰 ⿰黹巴 合三 區倦	倦 合三 渠卷	彥 開三 魚變		驏 開三 陟扇 囀 合三 知戀	猭 合三 丑戀	邅 開三 持碾 傳 合三 直戀	輾 開三 女箭	騙 開三 匹戰
薛第十七	孑 開三 居列 蹶 合三 紀劣	朅 開三 丘竭 缺 合四 傾雪	傑 開三 渠列	孽 開三 魚列		哲 開三 陟列 輟 合三 陟劣	屮 開三 丑列 ⿰几皮 合三 丑悅	轍 開三 直列	吶 開三 女劣	

	非	敷	奉	明微	精	清	從	心	邪
仙第二	鞭 卑連 開四	篇 芳連 開四	便 房連 開四	緜 武延 合三	煎 子仙 開四 鐫 子泉 合四	遷 七然 開四 詮 此緣 合四	錢 昨仙 開四 全 疾緣 合四	仙 相然 開四 宣 須緣 合四	次 夕連 開四 旋 似宣 合四
獮第二十八	辡 方免 開三 褊 方緬 合四	鴘 披免 開三	辯 符蹇 開三	免 亡辨 合三 緬 彌兖 合四	翦 即淺 開四 臇 子兖 合四	淺 七演 開四	踐 慈演 開四 雋 徂兖 合四	獮 息淺 開四 選 息兖 合四	緓 徐翦 開四
線第三十三	徧 方見 開四 變 彼眷 合三		便 婢面 開四 卞 皮變 開四	面 彌箭 合四	箭 子賤 開四	縓 七絹 合四	賤 才線 開四	線 私箭 開四 選 息絹 合四	羨 似面 開四 淀 辝戀 合四
薛第十七	鷩 并列 開四	瞥 芳滅 開四	別 皮列 開三	滅 亡列 合四	蠽 姊列 開四 蕝 子悅 合四	膬 七絕 合四	絕 情雪 合四	薛 私列 開四 雪 相絕 合四	踅 寺絕 合四

續表

	照	照	穿	穿	牀	牀	審	審	禪
仙第二	饘 諸延 開三 專 職緣 合三	恮 莊緣 合二	燀 尺延 開三 穿 昌緣 合三		潺 士連 合二	船 食川 合三	羶 式連 開三	栓 山員 合二	鋋 市連 開三 遄 市緣 合三
獮第二十八	膳 旨善 開三 剸 旨兖 合三		闡 昌善 開三 舛 昌兖 合三		撰 士免 合二		燃 式善 開三		善 常演 開三 膞 市兖 合三
線第三十三	戰 之膳 開三 剸 之囀 合三	孨 莊眷 合二	硟 昌戰 開三 釧 尺絹 合三		籑 士戀 合二		扇 式戰 開三	簒 所眷 合二	繕 時戰 開三 捶 時釧 合三
薛第十七	晢 旨熱[一九] 開三 拙 職悅 合三	茁 側劣 合二	掣 昌列 開三 歠 昌悅 合三	𠞰 廁列 開二	閷 士列 開二	舌 食列 開三	設 識列 開三 說 失爇 合三	樧 山列 開二 刷 所劣 合二	折 常列 開三

續表

	影	喻	喻	曉	來	日
仙第二	焉 於乾 開三	延 以然 開四	漹 有乾 開三	嗎 許焉 開三	連 力延 開三	然 如延 開三
	嬽 於權 合三		員 王權 合三		攣 呂員 合三	
	娟 於緣 合四	沿 與專 合四		翾 許緣 合四		堧 而緣 合三
獮第二十八	㫃 於蹇 開三	演 以淺 開四			輦 力展 開三	蹨 人善 開三
		兗 以轉 合四		蠉 香兗 合四	臠 力兗 合三	輭 而兗 合三
線第三十三	躽 於扇 開三		衍 于線 開三			
			瑗 王眷 合三		戀 力卷 合三	
		掾 以絹 合四				腝 人絹 合三
薛第十七		抴 羊列 開四		娎 許列 開三	列 良薛 開三	熱 如列 開三
	噦 乙劣 合三			旻 許劣 合三	劣 力輟 合三	爇 如劣 合三
	妜 於悅 合四	悅 弋雪 合四				
	影	喻	喻	曉	來	日

右元寒桓删山先仙七韻十三類爲開口合口二圖

開口一等　寒韻

開口二等　删韻第一類　山韻第一類

開口三等　元韻第一類　仙韻第一類

開口四等　先韻第一類　仙韻第一類
合口一等　桓韻
合口二等　刪韻第二類　仙韻第二類　入聲鎋韻第二類
合口三等　元韻第二類　仙韻第二類第三類
合口四等　仙韻第三類

	見	溪	疑	端	透
蕭第三	驍 古堯 四	鄡 苦幺 四	堯 五聊 四	貂 都聊 四	祧 吐雕 四
篠第二十九	皎 古了 四	磽 苦皎 四		鳥 都了 四	朓 土了 四
嘯第三十四	叫 古弔 四	竅 苦弔 四	顤 五弔 四	弔 多嘯 四	糶 他弔 四

	定	泥	精	心	影	曉	匣	來
蕭第三	迢 四徒聊			蕭 四蘇彫	幺 四於堯	膮 四許幺		聊 四落蕭
篠第二十九	窕 四徒了	嬲 四奴鳥	湫 四子了	篠 四先鳥	杳 四烏皎	鐃 四馨皛	皛 四胡了	了 四盧鳥
嘯第三十四	藋 四徒弔	尿 四奴弔		嘯 四蘇弔	窔 四烏叫	歊 四火弔		顤 四力弔

	見	溪	羣	疑	知	徹	澄	滂	非	敷
宵第四	驕 三 舉喬	蹻 四 去遙 趫 三 起嚻	翹 四 渠遙 喬 三 巨嬌		朝 三 陟遙	超 三 敕宵	鼂 三 直遙		飆 四 甫遙 鑣 三 甫驕	㶾 四 撫招
小第三十	矯 四 居夭		蹻 四 巨夭			巐 三 丑小	肇 三 治小	麃 四 滂表	表 四 陂矯	縹 三 敷沼
笑第三十五		趬 三 丘召	翹 四 巨要 嶠 三 渠廟	䖀 三 牛召		朓 三 丑召	召 三 直照	剽 四 匹妙	裱 三 方廟	

續表

	奉	明微	精	清	從	心	照	穿
宵第四	瓢 四符霄	蜱 四彌遥	焦 四即消	鍫 四七遥	樵 四昨焦	宵 四相邀	昭 三止遥	怊 三尺招
		苗 三武瀌						
小第三十	藨 四平表		勦 四子小	悄 四親小		小 四私兆		
	摽 三符少[二〇]	眇 三亡沼					沼 三之少	麨 三尺沼
笑第三十五		妙 四彌笑	醮 四子肖	陗 四七肖	嶕 四才笑	笑 四私妙		
	驃 三毗召	廟 三眉召					照 三之少	

續表

	審	禪	影	喻	喻	曉	來	日
宵第四	燒 三式昭	韶 三市昭	要 四於霄	遙 四餘昭			燎 三力昭	饒 三如招
			妖 三於喬		鴞 三于嬌	嚻 三許嬌		
小第三十			夭 三於兆				繚 三力小	
	少 三書沼	紹 三市沼		鷕 四以沼				擾 三而沼
笑第三十五			要 四於笑					饒 三人要
	少 三失照	邵 三寔照		燿 四弋照			尞 三力照	

	見	溪	疑	端	泥	知	徹	澄	孃	幫	滂	並
肴第五	交 二古肴	敲 二口交	聱 二五交			嘲 一陟交	⿵几刀 二敕交	桃 二直交	鐃 二女交	包 二布交	胞 二匹交	庖 二薄交
巧第三十一	絞 二古巧	巧 二苦絞	齩 二五巧		⿰犭翏 二奴巧	⿰豸尞 二張絞				飽 二博巧		鮑 二薄巧
效第三十六	教 二古孝	敲 二苦教	樂 二五教	罩 二都教	橈 二奴教		趠 二丑教〔二二〕	棹 二直教		豹 二北教	奅 二匹皃	

續表

	明	奉	照	穿	牀	審	影	曉	匣	來
肴第五	茅 二莫交		[illegible] 二側交	[illegible] 二楚交	巢 二鉏交	梢 二所交	[illegible] 二於交	虓 二許交	肴 二胡茅	顟 二力嘲
巧第三十一	卯 二莫飽		爪 二側絞	煼 二初爪	[illegible] 二士絞	數 二山巧	拗 二於絞		㮁 二下巧	
效第三十六	皃 二莫教	靤 二防教	抓 二側教	抄 二初教	巢 二士稍	稍 二所教	靿 二於教	孝 二呼教	效 二胡教	

	見	溪	疑	端	透	定	泥	幫	滂	並
豪第六	高 一古勞	尻 一苦刀	敖 一五勞	刀 一都牢	饕 一土刀	陶 一徒刀	猱 一奴刀	褒 一博毛	橐 一普袍	袍 一薄褒
晧第三十二	暠 一古老	考 一苦浩	積 一五老	倒 一都晧	討 一他浩	道 一徒晧	堖 一奴晧	寶 一博抱		抱 一薄浩
号第三十七	誥 一古到	鎬 一苦到	傲 一五到	到 一都導		導 一徒到	腝 一那到	報 一博耗		暴 一薄報

續表

	明	微	精	清	從	心	影	曉	匣	來
豪第六	毛 一莫袍		糟 一作曹	操 一七刀	曹 一昨勞	騷 一蘇遭	爊 一於刀	蒿 一呼毛	豪 一胡刀	勞 一魯刀
晧第三十二	蕂 一武道		早 一子晧	草 一采老	皁 一昨早	嫂 一蘇老	襖 一烏晧	好 一呼晧	晧 一胡老	老 一盧晧
号第三十七	冃 一莫到		竈 一則到	操 一七到	漕 一在到	喿 一蘇到	奧 一烏到	秏 一呼到	号 一胡到	嫪 一郎到

右蕭宵肴豪四韻五類爲獨韻一圖

一等　豪韻

二等　肴韻

三等　宵韻第一類第二類

四等　蕭韻　宵韻第一類第二類

	歌第七	哿第三十三	箇第三十八	
見	歌 古俄 開一	哿 古我 開一	箇 古賀 開一	
溪	珂 苦何 開一	可 枯我 開一	坷 口箇 開一	
疑	莪 五何 開一	我 五可 開一	餓 五个 開一	
端	多 得何 開一	嚲 丁可 開一	跢 丁佐 開一	
透	佗 託何 開一	袉 吐可 開一	拖 吐邏 開一	
定	駝 徒何 開一	爹 徒可 開一	馱 唐佐 開一	

續表

	泥	精	清	從	心	影	曉	匣	來
歌第七	那 開諾一何		蹉 開七一何	醝 開酢一何	娑 開素一何	阿 開烏一何	訶 開虎一何	何 開胡一歌	羅 開魯一何
哿第三十三	橠 開奴一可	左 開臧一可	瑳 開千一可		縒 開蘇一可	閜 開烏一可[三]	歌 開虛一我	荷 開胡一可	[illegible] 開來一可
箇第三十八	奈 開奴一箇	佐 開則一箇			些 開蘇一箇		呵 開呼一箇	賀 開胡一箇	邏 開郎一佐

	見	溪	羣	疑	端	透	定	泥	幫	滂	並
戈第八	戈 古禾合一	科 苦禾合一	瘸 巨靴合三	訛 五禾合一	⿰阝朵 丁戈合一	詑 土禾合一	㸰 徒和合一	捼 奴禾合一	波 博禾合一	頗 滂禾合一	婆 薄波合一
	迦 居伽開三	佉 丘伽開三	伽 求迦開三								
果第三十四	果 古火合一	顆 苦果合一		⿰女厄 五果合一	埵 丁果合一	妥 他果合一	墮 徒果合一	⿰女厄 奴果合一	跛 布火合一	叵 普火合一	
過第三十九	過 古卧合一	課 苦卧合一		卧 吾貨合一	桗 都唾合一	唾 湯卧合一	惰 徒卧合一	愞 乃卧合一	播 補過合一	破 普過合一	

續表

韻	奉	明	微	精	清	從	心	影	曉	匣	來
戈第八		摩 莫婆合一			遳 七戈合一 脞 醋伽合四	矬 昨禾合一	莎 蘇禾合一	倭 烏禾合一	韡 許戈合三	和 户戈合一	臝 落戈合一
果第三十四		麼 亡果合一			脞 倉果合一	坐 徂果合一	鎖 蘇果合一	婐 烏果合一	火 呼果合一	禍 胡果合一	裸 郎果合一
過第三十九	縛 符卧合一	磨 模卧合一		挫 則卧合一	剉 麤卧合一	座 徂卧合一	膹 先卧合一	涴 烏卧合一	貨 呼卧合一	和 胡卧合一	臝 魯過合一

	見	溪	疑	端	泥	知	徹	澄	孃	幫
麻第九	嘉 開古二牙 瓜 合古二華	齣 開苦二加 誇 合苦二瓜	牙 開五二加 飲 合五二瓜			奓 開陟二加 檛 合陟二瓜 爹 開陟四邪	佗 開敕二加	宗 開宅二加	拏 開女二加	巴 開伯二加
馬第三十五	檟 開古二疋 寡 合古二瓦	跒 開苦二下 髁 合苦二瓦	雅 開五二下 瓦 合五二寡	觰 開都二賈	絮 開奴二下	縿 開竹二下	姹 開丑二下 䅊 合丑二寡			把 開博二下
禡第四十	駕 開古二訝	髂 開枯二駕	迓 開吾二駕		胗 開乃二亞	吒 開陟二駕	詫 開丑二亞	蛇 開除二駕		

續　表

	滂	並	明	非	精	清	從	心	邪
麻第九	葩 開普二巴	爬 開蒲二巴	麻 開莫二霞						
					嗟 開子四邪		査 開才四邪	些 開寫四邪	衺 開似四嗟
馬第三十五		跁 開傍二下	馬 開莫二下						
			乜 開彌四也		姐 開茲四野	且 開七四也		寫 開悉四姐	灺 開徐四野
禡第四十	帊 開普二駕	⿰白犬 開白二駕	禡 開莫二駕	霸 開必二駕					
					唶 開子四夜	笡 開遷四謝	褯 開慈四夜	蝑 開司四夜	謝 開辝四夜

續表

	照	照	穿	穿	牀	審	審	禪	牀
麻第九	遮 開三正奢	樝 開二側加 髽 合二莊華	車 開三尺遮	叉 開二初牙	楂 開二鉏加	奢 開三式車	鯊 開二所加	闍 開三視遮	蛇 開三食遮
馬第三十五	者 開三章也	鮓 開二側下	奲 開三昌者	䂳 合二叉瓦	槎 開二士下	捨 開三書冶	灑 開二沙下 葰 合二沙瓦	社 開三常者	
禡第四十	柘 開三之夜	詐 開二側駕	䞣 開三充夜		乍 開二鋤駕	舍 開三始夜	嗄 開二所嫁		射 開三神夜

	影	喻	曉	匣	來	日
麻第九	鴉 於加 開二 窊 烏瓜 合二	邪 以遮 開四	煆 許加 開二 華 呼瓜 合二	遐 胡加 開二 華 户花 合二		若 人賒 開三
馬第三十五	啞 烏下 開二	野 羊者 開四	啁 許下 開二	下 胡雅 開二 踝 胡瓦 合二	藞 盧下 開二	若 人者 開三
禡第四十	亞 衣嫁 開二	夜 羊謝 開四	嚇 呼訝 開二 化 呼霸 合二	暇 胡駕 開二		

右歌戈麻三韻七類爲開口合口二圖

開口一等　歌韻

開口二等　麻韻第一類

開口三等　麻韻第三類又戈韻第三類迦佉伽三字

開口四等　麻韻第三類

合口一等　戈韻第一類

合口二等　麻韻第二類

合口三等　戈韻第一類瘸靴二字

合口四等　戈韻第三類脞一字

	見	溪	羣	疑	知	徹
陽第十	薑 居良 開三	羌 去羊 開三 匡 去王 合三	强 巨良 開三 狂 巨王 合三		張 陟良 開三	募 褚羊 開三
養第三十六	繈 居兩 開三 獷 居往 合三		勥 其兩 開三 俇 求往 合三	仰 魚兩 開三	長 知丈 開三	昶 丑兩 開三
漾第四十一	彊 居亮 開三 誑 居況 合三	唴 丘亮 開三	弶 其亮 開三 狂 渠放 合三	軻 魚向 開三	帳 知亮 開三	悵 丑亮 開三
藥第十八	腳 居勺 開三 玃 居縛 合一	卻 去約 開三 躩 丘縛 合三	噱 其虐 開三 戄 其籰 合三	虐 魚約 開三	芍 張略 開三	㲋 丑略 開三

續表

	澄	孃	非	敷	奉	微	精	清	從
陽第十	長 開直 三良	孃 開女 三良	方 開府 三良	芳 開敷 三方	房 開符 三方	亡 開武 三方	將 開即 四良	鏘 開七 四羊	牆 開在 四良
養第三十六	丈 開直 三兩		昉 開分 三网	髣 開妃 三兩	驃 開毗 三養	网 開文 三兩	獎 開即 四兩	搶 開七 四兩	
漾第四十一	仗 開直 三亮	釀 開女 三亮		訪 開敷 三亮			醬 開子 四亮[二三]	蹡 開七 四亮	匠 開疾 四亮
			放 合甫 三妄		防 合符 三況	妄 合巫 三放			
藥第十八	著 開直 三略	逽 開女 三略					爵 開即 四略	鵲 開七 四雀	皭 開在 四爵
				霉 合孚 三縛	縛 合符 三钁				

續表

陽第十	襄 息良 開四	詳 似羊 開四	章 諸良 開三	莊 側羊 開二	昌 尺良 開三	創 初良 開二	牀 士莊 開二	商 式羊 開三
養第三十六	想 息兩 開四	像 徐兩 開四	掌 諸兩 開三		敞 昌兩 開三	磢 初兩 開二		賞 書兩 開三
漾第四十一	相 息亮 開四		障 之亮 開三	壯 側亮 開二	唱 尺亮 開三	刱 初亮 開二	狀 鋤亮 開二	餉 式亮 開三
藥第十八	削 息約 開四		灼 之若 開三	斮 側略 開二	綽 昌約 開三			爍 書藥 開三
	心	邪	照	照	穿	穿	牀	審

續表

	審	禪	影	喻	喻	曉	來	日
陽第十	霜 色莊 開二	常 市羊 開三	央 於良 開三	陽 與章 開四	王 雨方 合三	香 許良 開三	良 呂張 開三	穰 汝陽 開三
養第三十六	爽 疎兩 開二	上 時掌 開三	鞅 於兩 開三 枉 紆往 合三	養 餘兩 開四	往 于兩 合三	響 許兩 開三 怳 許昉 合三	网 良獎 開三	壤 如兩 開三
漾第四十一		尚 時亮 開三	怏 於亮 開三	漾 餘亮 開四	迋 于放 合三	向 許亮 開三 況 許訪 合三	亮 力讓 開三	讓 人㨾 開二
藥第十八		妁 市若 開三	約 於略 開三 嬳 憂縛 合三	藥 以灼 開四	籰 王縛 合三［二四］	謔 虛約 開三 矆 許縛 合三	略 離灼 開三	若 而灼 開三

	見	溪	疑	端	透	定	泥	幫	滂	並
唐第十一	岡 古郎 開一	康 苦岡 開一	卬 五剛 開一	當 都郎 開一	湯 吐郎 開一	唐 徒郎 開一	囊 奴當 開一		滂 普郎 開一	
	光 古黃 合一	骯 苦光 合一						幫 博旁 合一		傍 步光 合一
蕩第三十七	䴚 各朗 開一	慷 苦朗 開一	䭾 五朗 開一	黨 多朗 開一	曭 他朗 開一	蕩 徒朗 開一	曩 奴朗 開一	榜 北朗 開一	髈 匹朗 開一	
	廣 古晃 合一	懬 丘晃 合一								
宕第四十二	鋼 古浪 開一	抗 苦浪 開一	枊 五浪 開一	譡 丁浪 開一	儻 他浪 開一	宕 徒浪 開一	儾 奴浪 開一			傍 蒲浪 開一
	桄 古曠 合一	曠 苦謗 合一						螃 補曠 合一		
鐸第十九	各 古落 開一	恪 苦各 開一	咢 五各 開一		託 他各 開一	鐸 徒落 開一	諾 奴各 開一	博 補各 開一	䪙 匹各 開一	泊 傍各 開一
	郭 古博 合一	廓 苦郭 合一	瓁 五郭 合一							

續 表

	明	精	清	從	心	影	曉	匣	來
唐第十一	茫 莫郎 開一	臧 側郎 開一	倉 七岡 開一	藏 昨郎 開一	桑 息郎 開一	鴦 烏郎 開一 汪 烏光 合一	炕 呼郎 開一 荒 呼光 合一	航 胡郎 開一 黃 胡光 合一	郎 魯當 開一
蕩第三十七	莽 模朗 開一	駔 子朗 開一	蒼 麄朗 開一	奘 徂朗 開一	顙 蘇朗 開一	坱 烏朗 開一 汪 烏晃 合一	汻 呼朗 開一 慌 呼晃 合一	沆 胡朗 開一 晃 胡廣 合一	朗 盧黨 開一
宕第四十二	漭 莫浪 開一	葬 則浪 開一		藏 徂浪 開一	喪 蘇浪 開一	盎 烏浪 開一	荒 呼浪 開一	吭 下浪 開一 攩 乎曠 合一	浪 來宕 開一
鐸第十九	莫 慕各 開一	作 則落 開一 㖩 祖郭 合一	錯 倉各 開一	昨 在各 開一	索 蘇各 開一	惡 烏各 開一 臒 烏郭 合一	臛 呵各 開一 霍 虛郭 合一	涸 下各 開一 穫 胡郭 合一	落 盧各 開一 硦 盧穫 合一

右陽唐二韻四類爲開口合口二圖

開口一等　唐韻第一類

開口二等　陽韻第一類

開口三等　陽韻第一類

開口四等　陽韻第一類

合口一等　唐韻第二類

合口二等《切韻指掌圖》《四聲等子》皆以江韻字入於此

合口三等　陽韻第二類

合口四等　無字

	見	溪	羣
庚第十二	庚古行開二 觵古橫合二 驚舉卿開三	阬客庚開二 卿去京開三	擎渠京開三
梗第三十八	梗古杏開二 礦古猛合二 警居影開三 憬俱永合三		
映第四十三	更古孟開二 敬居慶開三	慶丘敬開三	競渠敬開三
陌第二十	格古伯開二 虢古伯合二 戟几劇開三	客苦格開二 隙綺戟開三	劇奇逆開三

續表

	疑	透	定	泥	知	徹	澄	孃	幫
庚第十二	迎 開語三京			鬤 開乃二庚	趟 開竹二盲	瞠 開丑二庚	棖 開直二庚[二五]		
梗第三十八			瑒 開徒二杏		盯 開張二梗			檸 開拏二硬	浜 開布二梗
映第四十三	迎 開魚三敬	牚 開他二孟			倀 開豬二孟		鋥 開除二更		
陌第二十	額 開五二陌 逆 開宜三戟				磔 開陟二格	坼 開丑二格	宅 開場二伯	蹃 開女二白	伯 開博二陌

續表

	滂	並	非	敷	奉	微明	照	穿	牀
庚第十二		彭 開薄二庚	閍 開甫二盲	磅 開撫二庚		盲 開武二庚		鎗 開楚二庚	傖 開助二庚
			兵 合甫三明		平 合符三兵	明 合武三兵			
梗第三十八		鉼 開蒲二猛				猛 開莫二杏			
			丙 合兵三永			皿 合武三永			
映第四十三		膨 開蒲二孟				孟 開莫二更			
								瀙 開楚三敬	
			柄 合陂三病		病 合皮三命	命 合眉三病			
陌第二十	拍 開普二伯	白 開傍二陌				陌 開莫二白	嘖 開側二伯		齚 開鋤二陌
					欂 合弼三戟			柵 開測三戟	

續表

	審	影	喻	曉	匣
庚第十二	生 所庚 開二	霙 於驚 開三	榮 永兵 合三	脝 許庚 開二 諻 虎橫 合二 兄 許榮 合三	行 户庚 開二 橫 户盲 合二
梗第三十八	省 所景 開三	謍 烏猛 開二 影 於丙 開三	永 于憬 合三	卝 呼謍 開二 克 許永 合三	杏 何梗 開二
映第四十三	生 所敬 開三	瀴 於孟 開二 映 於敬 開三	詠 爲命 合三	𧦧 許更 開二	行 下更 開二 蝗 户孟 合二
陌第二十	索 山戟 開三	啞 烏格 開二		赫 呼格 開二 虩 許卻 開三	垎 胡格 開二

	見	溪
耕第十三	耕 古莖 開二	鏗 口莖 開二
耿第三十九	耿 古幸 開二	
諍第四十四		
麥第二十一	隔 古核 開二 蟈 古獲 合二	礊 楷革 開二

續表

	羣	疑	知	澄	孃	幫	滂	並	明微
耕第十三		娙 五莖開二	朾 中莖開二	橙 宅耕開二	儜 女耕開二	浜 布耕開二	怦 普耕開二	輣 薄萌開二	甍 莫耕開二
耿第三十九							皏 普幸開二	倂 蒲幸開二	䁅 武幸開二
諍第四十四		鞕 五諍[二六]開二				迸 北諍開二		倂 蒲迸開二	
麥第二十一		虉 五革開二	摘 陟革開二		疒 尼戹開二	檗 博厄開二		繴 蒲革開二	
	趪 求獲合二						擂 普麥合二		麥 莫獲合二

續表

	照	穿	牀	審	影	曉	匣	來
耕第十三	争 側莖 開二	琤 楚耕 開二	峥 士耕 開二		甖 烏莖 開二		莖 户耕 開二	
					泓 烏宏 合二	轟 呼宏 合二	宏 户萌 合二	
耿第三十九							幸 胡耿 開二	
諍第四十四	諍 側迸 開二				⿰衤嬰 鷖迸 開二	轟 呼迸 開二		
麥第二十一	責 側革 開二	策 楚革 開二	賾 士革 開二	栜 山責 開二	戹 於革 開二		覈 下革 開二	礐 力摘 開二
	⿰扌畫 簪摑 合二		⿺走亦 查獲 合二	撼 砂獲 合二		剨 呼麥 合二	獲 胡麥 合二	

	見	溪	羣	知	徹	澄	滂	非	敷	奉
清第十四		輕 開去四盈 傾 合去四營	頸 開巨四成 瓊 合渠四營	貞 開陟三盈	檉 開丑三貞	呈 開直三貞		并 開府四盈		
靜第四十	頸 開居四郢	頃 合去四潁	痙 開巨四郢		逞 開丑四郢			餅 開必四郢		
勁第四十五	勁 開居四正	輕 開墟四正			遉 開丑四鄭	鄭 開直四正	聘 開匹四正	摒 開卑四正		偋 開防四正
昔第二十二				黐 開竹四益	彳 開丑四亦	擲 開直四炙		辟 開必四益 碧 合彼三役	僻 開芳四辟	擗 開房四益

續表

	明微	精	清	從	心	邪	照	穿	牀
清第十四	名 武并 開四	精 子盈 開四	清 七情 開四	情 疾盈 開四	騂 息營 合四	餳 徐盈 開四	征 諸盈 開三		
静第四十	眳 亡井 開四	井 子郢 開四	請 七静 開四	静 疾郢 開四	省 息井 開四		整 之郢 開三		
勁第四十五	詺 彌正 開四	精 子姓 開四	倩 七政 開四	浄 疾政 開四	性 息正 開四		政 之盛 開三		
昔第二十二		積 資昔 開四	皵 七迹 開四 旻 七役 合四	籍 秦昔 開四	昔 思積 開四	席 祥易 開四	隻 之石 開三 莫 之役 合三	尺 昌石 開三	麝 食亦 開四

續表

	審	禪	影	喻	曉	來
清第十四	聲 書盈 開三	成 是征 開三	嬰 於盈 開四 縈 於營 合四	盈 以成 開四 營 余傾 合四	眗 火營 合四	跉 呂貞 開四
静第四十			癭 於郢 開四	郢 以整 開四 潁 餘頃 合四		領 良郢 開四
勁第四十五	聖 式正 開三	盛 承政 開三			敻 休正 開四	令 力政 開四
昔第二十二	釋 施隻 開三	石 常隻 開四	益 伊昔 開四	繹 羊益 開四 役 營隻 合四		

	見	溪
青第十五	經 古靈 開四 扃 古螢 合四	
迥第四十一	剄 古挺 開四 熲 古迥 合四	謦 去挺 開四 褧 口迥 合四
逕第四十六	徑 古定 開四	罄 苦定 開四
錫第二十三	激 古歷 開四 郹 古闃 合四	燩 苦擊 開四 闃 苦鶪 合四

續表

	疑	端	透	定	泥	徹	幫	滂	並
青第十五		丁 開當四經	汀 開他四丁	庭 開特四丁	寧 開奴四丁			竮 開普四丁	瓶 開薄四經
迥第四十一	脛 開五四剄	頂 開都四挺	珽 開他四鼎	挺 開徒四鼎	顊 開乃四挺		鞞 開補四鼎	頩 合匹四迥	並 合蒲四迥
徑第四十六		矴 開丁四定	聽 開他四定	定 開徒四徑	寗 開乃四定				
錫第二十三	鷁 開五四歷	的 開都四歷	逖 開他四歷	荻 開徒四歷	惄 開奴四歷	歡 開丑四歷	壁 開北四激	霹 開普四擊	

續表

韻	明	奉	精	清	從	心	影	曉	匣	來
青第十五	冥 開四 莫經			青 開四 倉經		星 開四 桑經		馨 開四 呼刑	刑 開四 户經	靈 開四 郎丁
									熒 合四 户扃	
迴第四十一					汫 開四 徂醒	醒 開四 蘇挺	嚶 開四 烟涬		婞 開四 胡頂	笭 開四 力鼎
	茗 合四 莫迴						濙 合四 烏迴	詗 合四 火迴	迥 合四 户潁	
徑第四十六	覭 開四 莫定			靘 開四 千定		腥 開四 蘇佞	鎣 開四 烏定		脛 開四 胡定	零 開四 郎定
錫第二十三	覓 開四 莫狄	甓 開四 扶歷	績 開四 則歷	戚 開四 倉歷	寂 開四 前歷	錫 開四 先擊		赥 開四 許激	檄 開四 胡狄	靂 開四 郎擊
								殺 合四 呼狊		

	見	溪	羣	疑	端	知	徹	澄	孃	非	敷
蒸第十六	兢 開居三陵	硱 開綺二兢[二七]	殑 開其三矜	凝 開魚三陵		徵 開陟三陵	僜 開丑三升	澂 開直三陵		冫 開筆二陵	砯 開披三冰
拯第四十二											
證第四十七			殑 開其三餕	凝 開牛三餕			覴 開丑三證	瞪 開丈三證			
職第二十四	殛 開紀三力	⿰革亟 開丘三力	極 開渠三力	嶷 開魚三力	訬 開丁三力	陟 開竹三力	敕 開恥三力	直 開除三力	匿 開女三力	逼 開彼三側	堛 開芳三逼

續表

	奉	微	精	從	心	照	照	穿	穿	牀
蒸第十六	凭 開三 扶冰			繒 開四 疾陵		蒸 開三 煑仍		稱 開三 處陵		磳 開二 仕兢
拯第四十二						拯 開三 蒸上聲				
證第四十七	凭 開三 皮證		甑 開四 子孕			證 開三 諸應		稱 開三 昌孕		
職第二十四	愎 開三 符逼	⿱穴畐 開三 亡逼	即 開四 子力	堲 開四 秦力	息 開四 相即	職 開三 之翼	稄 開二 阻力	瀷 開三 昌力	測 開二 初力	崱 開二 士力

續表

	牀	審	審	禪	影	喻	喻	曉	來	日
蒸第十六	繩 開三食陵	升 開三識蒸	殊 開二山矜	承 開三署陵	膺 開三於陵	蠅 開四余陵		興 開三虛陵	陵 開三力膺	仍 開三如乘
拯第四十二										
證第四十七	乘 開三實證	勝 開三詩證		丞 開三常證	應 開三於證	孕 開四以證		興 開三許應	餧 開三里甑	認 開三而證
職第二十四	食 開三乘力	識 開三賞職	色 開二所力	寔 開三常職	憶 開三於力	弋 開四與職	域 合三雨逼	洫 合三況逼	力 開三林直	

	見	溪	端	透	定	泥	幫	滂	並	非
登第十七	揯 古恒 開一 肱 古弘 合一		登 都滕 開一	鼟 他登 開一	騰 徒登 開一	能 奴登 開一	崩 北滕 開一	漰 普朋 開一	朋 步崩 開一	
等第四十三		肯 苦等 開一	等 多肯 開一			能 奴等 開一		倗 普等 開一		
嶝第四十八	亙 古鄧 開一		嶝 都鄧 開一	𤃭 台鄧 開一	鄧 徒亙 開一					⿱穴朋 方隥 開一
德第二十五	裓 古得 開一 國 古或 合一	刻 苦得 開一	德 多則 開一	忒 他德 開一	特 徒得 開一	⿱能皿 奴勒 開一	北 博墨 開一	覆 匹北 開一	菔 蒲北 開一	

續表

	奉	明微	精	清	從	心	影	曉	匣	來
登第十七		瞢 開武一登	增 開作一滕		層 開昨一稜	僧 開蘇一增		薨 合呼一肱	恒 開胡一登 弘 合胡一肱	楞 開魯一登
等第四十三										
嶝第四十八	倗 開父一鄧	懵 開武一亙	增 開子一鄧	蹭 開千一鄧	贈 開昨一亙	𩅰 開思一贈				踜 開魯一鄧
德第二十五		墨 開莫一北	則 開子一德	城 開七一則	賊 開昨一則	塞 開蘇一則	餩 開愛一墨	黑 開呼一北 黹 合呼一或	劾 開胡一得 或 合胡一國	勒 開盧一則

右庚耕清青蒸登六韻十三類爲開口合口二圖

開口一等　登韻第一類

開口二等　庚韻第一類　耕韻第一類　蒸韻

開口三等　庚韻第三類　清韻第一類　蒸韻

開口四等　清韻第一類　青韻第一類　蒸韻

合口一等　登韻第二類

合口二等　庚韻第二類　耕韻第二類

合口三等　庚韻第四類　蒸韻域洫二字　入聲昔韻碧菒二字

合口四等　清韻第二類　青韻第二類

	尤第十八	有第四十四	宥第四十九	
見	鳩 居求 三	久 舉有 三	救 居祐 三	
溪	丘 去鳩 三	糗 去久 三	䶑 丘救 三	
羣	裘 巨鳩 三	舅 共九 三	舊 巨救 三	

續表

	疑	知	徹	澄	孃	滂	非	敷	奉
尤第十八	牛 三語求	輈 三張流	抽 三丑鳩	儔 三直由		飆 三匹尤	不 三甫鳩		浮 三縛謀
有第四十四		肘 三陟柳	丑 三敕九	紂 三除柳	狃 三女久		缶 三方久	恒 三芳否	婦 三房九
宥第四十九	鼽 三牛救	晝 三陟救	畜 三丑救	冑 三直祐	糅 三女救		富 三方副	副 三敷救	復 三扶富

續　表

	明微	精	清	從	心	邪	照	照	穿	穿
尤第十八	謀 三莫浮	遒 四即由	秋 四七由	酋 四自秋	脩 四息流	囚 四似由	周 三職流	鄒 二側鳩	犨 三赤周	搊 二楚鳩
有第四十四		酒 四子酉		湫 四在九	滫 四息有		帚 三之九	掫 二側九	醜 三昌九	䩦 二初九
宥第四十九	莓 三亡救	僦 四即就	趥 四七溜	就 四疾僦	秀 四息救	岫 四似祐	呪 三職救	皺 二側救	臭 三尺救	簉 二初救

續表

	牀	審	審	禪	影	喻	喻	曉	來	日
尤第十八	愁 二士尤	收 三式州	搜 二所鳩	讎 三市流	憂 三於求	猷 四以周	尤 三羽求	休 三許尤	劉 三力求	柔 三耳由
有第四十四	穇 二士九	首 三書九	溲 二疎有	受 三殖酉	䬀 三於柳	酉 四與久	有 三云久	朽 三許久	柳 三力久	蹂 三人九
宥第四十九	驟 二鉏祐	狩 三舒救	瘦 二所祐	授 三承呪		狖 四余救	宥 三于救	齅 三許救	溜 三力救	輮 三人又

	見	溪	疑	端	透	定	泥	滂	並	非
侯第十九	鉤 古侯	彄 恪侯	齵 五婁	兜 當侯	偷 託侯	頭 度侯	羺 奴鉤		裒 薄侯	
厚第四十五	茍 古厚	口 苦后	藕 五口	斗 當口	黈 天口	蕍 徒口	穀 乃后	剖 普后	部 蒲口	⿰扌保 方垢
候第五十	遘 古候	寇 苦候	偶 五遘	鬥 都豆	透 他候	豆 田候	槈 奴豆	仆 匹候	脴 蒲候	

續表

	明微	精	清	從	心	牀	影	曉	匣	來
侯第十九	呣 亡侯	鬷 子侯	誰 千侯	剽 徂鉤	涑 速侯		謳 烏侯	齁 呼侯	侯 户鉤	樓 洛侯
厚第四十五	母 莫厚	走 子苟	趣 蒼苟		叜 蘇后	鯫 仕垢	歐 烏后	吼 呼后	厚 胡口	塿 郎斗
候第五十	茂 莫候	奏 側候	輳 倉奏	剽 才奏	瘶 蘇奏		漚 烏候	蔻 呼漏	候 胡遘	陋 盧候

	見	溪	羣	疑	非	奉	明微	精	審	影	曉	來
幽第二十	樛 四居虬		虯 四渠幽	聱 四語虯	彪 四甫休	滮 四皮彪	繆 四武彪	稵 四子幽	犙 四山幽	幽 四於虯	飍 四香幽	鏐 四力幽
黝第四十一	糾 四居黝		蟉 四渠黝							黝 四於糾		
幼第五十一		䠗 四丘謬	⿰𧾷丩 四巨幼				謬 四靡幼			幼 四伊謬		

右尤侯幽三韻三類爲獨韻一圖

一等　侯韻

二等　尤韻

三等　尤韻

四等　尤韻　幽韻

	見	溪	羣	疑	泥	知
侵第二十一						碪 三知林
	金 三居吟	欽 三去金	琴 三巨金	吟 三魚金		
寑第四十七		坅 三丘甚				戡 三張甚
	錦 三居飲	顩 三欽錦	噤 三渠飲	僸 三牛錦		
沁第五十二	禁 三居蔭		䑫 三巨禁	吟 三宜禁	賃 三乃禁	揕 三知鴆
緝第二十六			及 三其立	岌 三魚及		縶 三陟立
	急 三居立	泣 三去急				

續 表

	徹	澄	孃	非	敷	奉	精	清	從
侵第二十一	琛 三丑林	沈 三直深	誑 三女心				祲 四子心	侵 四七林	魿 四昨淫
寑第四十七	踸 三丑甚	朕 三直稔	拰 三尼凜	稟 三筆錦	品 三丕飲		醦 四子朕	寑 四七稔	蕈 四慈荏
沁第五十二	闖 三丑禁	鴆 三直禁					浸 四子鴆	沁 四七鴆	
緝第二十六	湁 三丑入	蟄 三直立	孨 三尼立	鵖 三彼及		駇 三皮及	㗱 四子入	緝 四七入	集 四秦入

續表

	審	牀	牀	穿	穿	照	照	邪	心
侵第二十一	深 三 式針		岑 三 鋤針	嵾 二 楚簪	覘 三 充針	先 二 側吟	斟 三 職深	尋 四 徐林	心 四 息林
寑第四十七	沈 三 式荏	甚 三 食荏	頋 二 士痒	墋 二 初朕	瀋 三 昌枕		枕 三 章荏		罧 四 斯甚
沁第五十二	深 三 式禁			讖 二 楚譖		譖 二 莊蔭	枕 三 之任		
緝第二十六	溼 三 失入		霵 二 仕戢	㞙 二 初戢	㞙	戢 二 阻立	執 三 之入	習 四 似入	靸 四 先立

	審	禪	影	喻	喻	曉	來	日
侵第二十一		諶 三氏任	愔 四挹淫	淫 四餘針			林 三力尋	任 三如林
	森 二所今		音 三於金			歆 三許金		
寑第四十七		甚 三常枕		潭 四以荏			廩 三力稔	荏 三如甚
	痒 二疎錦		㱃 三於錦			廞 三許錦		
沁第五十二	滲 二所禁	甚 三時鴆	蔭 三於禁		⿰禁頁 三于禁		臨 三良鴆	妊 三汝鴆 任音同
緝第二十六	澀 二色立	十 三是執	揖 四伊入	熠 四羊入	煜 三爲立	吸 三許及	立 三力入	入 三人執
			邑 三於汲					

右侵韻二類爲獨韻一圖

一等　無字

二等　第一類第二類

三等　第一類第二類

四等　第一類

	見	溪	疑	端	透	定
覃第二十二	弇古南	龕口含	𧮯五含	耽丁含	探他含	覃徒含
感第四十八	感古禫	坎苦感	顉五感	黕都感	襑他感	禫徒感
勘第五十三	紺古暗〔二八〕	勘苦紺	儑五紺	馱丁紺	僋他紺	醰徒紺
合第二十七	閤古沓	溘口荅	㬎五合	答都合	錔他合	沓徒合

	泥	精	清	從	心	影	曉	匣	來
覃第二十二	南 一那含	簪 一作含	參 一倉含	蠶 一昨含	毿 一蘇含	諳 一烏含	峆 一火含	含 一胡男	婪 一盧含
感第四十八	腩 一奴感	昝 一子感	慘 一七感	歜 一徂感	糂 一桑感	暗 一烏感	顑 一呼唵	頷 一胡感	壈 一盧感
勘第五十三	妠 一奴紺	篸 一作紺	謲 一七紺		俕 一蘇紺	暗 一烏紺	顑 一呼紺	憾 一胡紺	顲 一郎紺
合第二十七	納 一奴荅	帀 一子荅	趍 一七合	雜 一徂合	趿 一蘇合	姶 一烏合	欱 一呼合	合 一侯閤	拉 一盧合

	見	溪	疑	端	透	定	泥	明	精
談第二十三	甘 古三	坩 苦甘		擔 都甘	舑 他酣	談 徒甘		姏 武甘	
敢第四十九	敢 古覽	㙳 口敢		膽 都敢	菼 吐敢	噉 徒敢		⿰女岩 謨敢	⿱斬食 子敢
闞第五十四	⿰鹵臽 古蹔	闞 苦濫		擔 都濫	賧 吐濫	憺 徒濫			
盍第二十八	⿰盍頁 古盍	榼 苦盍	儑 五盍	⿰冓皮 都盍	榻 吐盍	蹋 徒盍	魶 奴盍		

續表

	清	從	心	照	審	影	曉	匣	來
談第二十三		慙 昨甘	三 蘇甘				蚶 呼談	酣 胡甘	藍 魯甘
敢第四十九	黲 倉敢	槧 才敢			㵛 賞敢	埯 烏敢	喊 呼覽		覽 盧敢
闞第五十四		暫 藏濫	三 蘇暫				[illegible] 呼濫	憨 下瞰	濫 盧瞰
盍第二十八		[illegible] 才盍	[illegible] 私盍	譫 章盍		鰪 安盍	欱 呼盍	盍 胡臘	臘 盧盍

	見	溪	羣	疑	知	徹	澄	孃	非
鹽第二十四		㦠三丘廉		䶢三語廉	霑三張廉	覘二丑廉	夭三直廉	黏三女廉	砭三府廉
			箝三巨淹						
琰第五十		脥四謙琰				諂三丑琰			貶三方斂
	檢三居掩	[丂頁]三丘檢	儉三巨險	顩三魚檢					
豔第五十五						覘三丑豔			
				驗三魚窆					窆三方驗
葉第二十九		㾜二去涉							
	[糹力]三居輒		衱三其輒		輒三陟葉	鍤三丑輒	[月枼]三直葉	聶三尼輒	

續表

	精	清	從	心	邪	照	穿	審
鹽第二十四	尖 四子廉	籤 四七廉	潛 四昨鹽	銛 四息廉	燅 四徐鹽	詹 三職廉	韂 三處占	苫 三失廉
琰第五十	𩟗 四子冉	憸 四七漸	漸 四慈染			颭 三占琰		陝 三失冉
豔第五十五	𡅢 四子豔	壍 四七豔	潛 四慈豔			占 三章豔	蹌 三昌豔	閃 三舒贍
葉第二十九	接 四即葉	妾 四七接	捷 四疾葉			讋 三之涉	謵 三叱涉	攝 三書涉

	審	禪	影	喻	喻	曉	來	日
鹽第二十四		棎 三視占	懕 四一鹽	鹽 四余廉			廉 三力鹽	䰯 三汝鹽
	襳 二史炎		淹 三央炎		炎 三于廉			
琰第五十		剡 三時染	黶 四於琰	琰 四以冉			斂 三良冉	冉 三而琰
			奄 三衣檢			險 三虛檢		
豔第五十五		贍 三時豔	厭 四於豔	豔 四以贍				染 三而豔
			㤿 三於驗				殮 三力驗	
葉第二十九		涉 三時攝	魘 四於葉	葉 四與涉			獵 三良涉	讘 三而涉
	萐 二山輒		敏 三於輒		曄 三筠輒			

	見	溪	端	透	定	泥	明	精	清	從
添第二十五	兼 四古甜	謙 四苦兼	⿰髟占 四丁兼	添 四他兼	甜 四徒兼	鮎 四奴兼				
忝第五十一	孂 四兼玷	嗛 四苦簟	點 四多忝	忝 四他點	簟 四徒玷	淰 四乃玷	変 四明忝		憯 四青忝	
㮇第五十六	趝 四紀念	傔 四苦念	店 四都念	掭 四他念	磹 四徒念	念 四奴店		僣 四子念		⿰目朁 四漸念
帖第三十	頰 四古協	愜 四苦協	聑 四丁愜	怗 四他協	牒 四徒協	苶 四奴協		浹 四子協		⿱艹雜 四在協

續表

	添第二十五	忝第五十一	㮇第五十六	帖第三十
心			䃸 先念 四	燮 蘇協 四
影			酓 於念 四	
曉	馦 許兼 四			弽 呼牒 四
匣	嫌 户兼 四	鼸 胡忝 四		協 胡頰 四
來	鬑 勒兼 四	稴 力忝 四	稴 力店 四	甄 盧協 四

	咸第二十六	豏第五十二	陷第五十七	洽第三十一
見	緘 古咸 二	鹼 古斬 二	[illegible] 公陷 二	夾 古洽 二
溪	鵮 苦咸 二	床 苦減 二	歉 口陷 二	恰 苦洽 二

續表

	疑	定	知	徹	澄	孃	照	穿	牀
咸第二十六	喦 二五咸		詀 二竹咸			諵 二女咸[二九]			讒 二士咸
豏第五十三		湛 二徒減		僴 二丑減		囝 二女減	斬 二側減	臟 二初減	瀺 二士減
陷第五十七	顩 二玉陷		鮎 二陟陷		賺 二佇陷	諵 二尼賺	蘸 二莊陷		儳 二仕陷
洽第三十一	⿰目巠 二五夾		劄 二竹洽	盫 二丑図		図 二女洽	眨 二側洽[三〇]	插 二楚洽	⿺辶丵 二士洽

續表

	審	影	曉	匣	來
咸第二十六	攕二所咸	㺖二乙咸	㰹二許咸	咸二胡讒	
豏第五十二	摻二所斬	黯二乙減	闞二火斬	豏二下斬	臉二力減
陷第五十七		韽二於陷		陷二户韽	
洽第三十一	霎二山洽	踚二烏洽	䑐二呼洽	洽二侯夾	

	見	溪
銜第二十七	監二古銜	嵌二口銜
檻第五十四		䫡二丘檻
鑑第五十八	鑑二格懺	
狎第三十二	甲二古狎	

續表

	疑	澄	並	精	穿	牀	審	影	曉	匣
銜第二十七	巖 五銜二		⿱並疋 白銜二		攙 楚銜二	巉 鋤銜二	衫 所銜二			銜 户監二
檻第五十四					醶 初檻二	巉 仕檻二	摲 山檻二	黤 於檻二	㺖 荒檻二	檻 胡黤二
鑑第五十八			⿱泛土 蒲鑑二	⿱斬見 子鑑二	懺 楚鑒二	鑱 士懺二	釤 所鑑二[三一]		⿰亻敢 許鑑二	[illegible] 胡懺二
狎第三十二		渫 丈甲二					翣 所甲二	鴨 烏甲二	呷 呼甲二	狎 胡甲二

	見	溪	羣	疑	微	影	喻	曉
嚴第二十八		㪁 三丘嚴		嚴 三語韽		醃 三於嚴		韽 三虛嚴
儼第五十二		㪁 三丘广		儼 三魚掩		埯 三於广		
釅第五十九		㪁 三丘釅		釅 三魚欠	菱 三亡劒			脅 三許欠
業第三十三	劫 三居怯	怯 三去劫	跲 三巨業	業 三魚怯		腌 三於業	殜 三余業	脅 三虛業

	見	溪	徹	孃	滂	非	敷	奉	微	影	曉
凡第二十九		欨 三丘凡			芝 三匹凡[三二]			凡 三符咸			
范第五十五		口 三丘犯	⿰亻䦨 三丑犯			⿰月⿱夂彡 三府犯	釩 三峯犯	范 三防泛	鋄 三亡范		
梵第六十	劒 三居欠	欠 三去劒					汎 三浮梵	梵 三扶泛		俺 三於劒	
乏第三十四			⿰犭臿 三丑法	⿰犭風 三女法		法 三方乏	㚘 三孚法	乏 三房法			⿰豸曷 三起法

右覃談鹽添咸銜嚴凡八韻九類爲獨韻一圖

一等　覃韻　談韻

二等　咸韻　銜韻

三等　鹽韻第一類第二類　嚴韻　凡韻

四等　鹽韻第一類　添韻

《廣韻》二百六韻每一韻切語下字或一類或二類三類四類，宋元人以韻之相近者合併爲一圖，又謂之攝。不論其字若干類，限定爲四等，其有開口合口者則爲二圖，開合各四等，每圖皆以三十六字母爲次第，今備列二百六韻字之切語，依字母次第而標明圖攝開合四等，其得失亦別有論也。

切韻考外篇　卷三

後　論

《玉海》載僧守温《三十六字母圖》一卷，吕介孺《同文鐸》云：「大唐舍利創字母三十，後温首座益以孃牀幫滂微奉六母，是爲三十六母。」此當出於釋氏書。方素北《古今釋疑》戴東原《聲韻考》皆但引吕氏説，蓋以爲不必深考也。守温不知何時人。《玉篇》末附沙門神珙所撰《四聲五音九弄反紐圖》，其序云：「昔有梁朝沈約創立紐字之圖。唐又有陽寧公、南陽釋處忠，此二公者又撰《元和韻譜》。」此序之上有《五音聲論》，東方喉聲何我剛鄂謌可康各，西方舌聲丁的定泥寧亭聽歷，南方齒聲詩失之食止示勝識，北方脣聲邦厖剥雹北墨朋邈，中央牙聲更硬牙格行幸亨客。錢辛楣《養新録》云：「據此知神珙元和以後人，其時尚未有字母。」戴東原《聲韻考》云：「神珙在唐憲宗元和以後，字母定於釋守温，又在珙後。」又云：「《五音聲論》列字四十而不曰字母，與今所傳三十六字相齟齬。珙自序不一語涉及《五音聲論》，殆非珙之爲。」此皆考據明確者。《五音聲論》雖非神珙所爲，然與字母齟齬，則

必在字母未出之前也。戴氏之意如此。澧謂《五音聲論》粗疏，實不足以爲法，乃字母之椎輪耳。

《一切經音義》載《大般涅槃經》文字品，凡有四十七字爲一切字本。字音十四字：哀、烏可反阿、壹、伊、塢、烏古反烏、理、重釐、力之反黳、烏奚反藹、污、奧、烏故反菴惡。此二字是前惡阿兩字之餘音。比聲二十五字：迦、呿、伽、咺、其柯反俄，魚賀反舌根聲；凡五字中第四字與第三字同而輕重微異。遮、重車、闍、膳、時柯若，耳賀反舌齒聲；吒、重咃、丑加荼、咤、佇賈拏，上咢聲；多、他、陀、馱徒柯、那奴賀，舌頭聲；婆、頗、婆、婆、去摩，莫个脣吻聲。虵、重邏、盧舸羅、李舸縛、奢、沙、婆、呵，此八字超聲。《養新録》云：「《涅槃》所載比音二十五字，與今所傳見溪羣疑之譜小異而大同，前所列字音十四字，即影喻來諸母，然則唐人所撰之三十六字母，實采《涅槃》之文，參以中華音韻而去取之，謂出於《華嚴》則妄矣。」澧案：錢氏謂比音二十五字與見溪羣疑之譜小異大同者，迦呿伽咺俄即見溪羣疑也，伽咺皆羣母遮車闍膳即照穿禪，闍膳皆禪母若即日也，吒咃茶咤拏即知徹澄孃也，茶咤皆澄母多他陀馱那即端透定泥也，陀馱皆定母婆疑當作波頗婆婆摩即幫滂並明也。字音之理釐二字即來母，其餘哀阿諸字皆影母也。超聲之虵字牀母；邏羅亦來母；縛，奉母；奢沙，審母；呵，曉母也。非敷微精清從心邪喻匣十母則《涅槃》所無，可見三十六母據中華之音，非據梵音也。其爲《涅槃》所有者，次第與《涅槃》同，可見其依倣《涅槃》也。《涅槃》無字母名目，其謂之字母，則沿襲於《華嚴》也。《涅槃》來母四字，審母二字，影母多至十餘字，何以重複如此，此梵音可置之不論矣。

《養新録》云：「聲同者互相切，本無子母之别，於同聲之中偶舉一字以爲例，而尊之爲母，此名不正而言不順者也。」澧案：字母之名出於佛書，蓋佛國以音造字，連讀二音爲一音，即連書二字爲一字，所謂字母者以其能生他字，猶國書之字頭，在佛書固名正言順也。若儒書之切語以二音譬況一音，非以二字合成一字，如東，德紅切，非連書德紅二字爲東字也。而字母家以東爲端母字，東字非德字所生，尤非端字所生，豈可謂端字爲東字之母乎？誠所謂名不正言不順矣。用中華之字而加以佛書字母之名，故有此病。然自古韻書分部有東冬鍾江之目，而聲則無部居，無標目，唐僧分爲三十六類，每一類以一字爲標目，便於指説，故相沿不廢也。

字母之三十六字，必唐時五方音讀皆不訛，故擇取以爲標準也。近人讀之則又有不真者，今爲正之。疑，吾怡切；疑母之字多誤讀者，粤音吾字不誤，故今用之爲切。定，庭去聲；定有二音，其一音爲丁去聲，字母所用者則庭去聲聽，濁聲也。滂，普岡切；並，蒲茗切；邪，此濁聲；牀，瘡濁聲；禪，善平聲；日，而逸切；惟微字難得其真耳。江慎修《音學辨微》云：「官音方音呼微母字多不能從脣縫出，呼微如惟，混喻母矣。吴音蘇常一帶呼之最分明，確是輕脣，當以爲法。」○吴音疑母字亦最分明，如魚字不誤讀爲余也。

三十六母者，唐末之音也。其後聲音更混，知徹澄與照穿牀難分，泥與孃難分，非與敷難分。呂介孺《同文鐸》云：「正齒照穿牀三音與舌上知徹澄三音相類而實不同。」江氏《辨微》云：「知與照，

徹與穿，澄與牀，易混者也。知徹澄必令出舌上，照穿牀必令舌不抵齶而音出正齒，則不相混。」又云：「泥，舌頭微擊齶；孃，舌黏齶。二母尤難辨。」又云：「非敷至難辨。非，發聲宜稍開脣縫，輕呼之；敷，送氣重呼之。」然江氏雖有此辨別，不能使人人皆能辨別也。

《廣韻》切語上字四十類，字母家分併爲三十六，有得有失。明微二母當分者也，切語上字不分者乃古音之遺，今音則分別甚明，不必泥古也。粵音則不分，微讀如眉，無讀如謨，與古音同。

知徹澄三母字古音讀如端透定三母，非敷奉三母字古音讀如幫滂並三母，《養新録》考之最詳確矣。《廣韻》切語上字此十二類雖分，然知徹澄三母字其切語上字仍多用端透定三母字，非敷奉三母字其切語上字仍多用幫滂並三母字，乃古音之遺也。字母家分析之，不泥於古音也。

照穿牀審四母及喻母，《廣韻》切語上字各分兩類，而字母家兩兩合併之。然如照母之周職流切鄒，側鳩切穿母之樞昌朱切芻，測隅切牀母之磳仕兢切繩，食陵切審母之收式州切搜，所鳩切喻母之遺以追切帷，洧悲切出音皆截然不同，安能併爲一母乎？此則字母之病也。

照穿牀審四母及喻母當依切語上字各分二母，字母家必合併之者，審與禪一清一濁相配，影與喻一清一濁相配，禪影皆一類，故審喻亦皆一類以配之也。然物之不齊，物之情也。本不整齊而强使分配整齊，是其病也。影母切語上字本可以分二類，惟汚，烏路切，又一故切，則烏一二字同類，故不能分二類耳。見《内篇·聲類考》。

字母三十六位皆有音有字，更有無字之音十四位，見端知幫非精照之濁音無字，疑泥孃明微來日之清音無字也。江氏《辨微》有五十音圖，今爲三十六字母圖，注明無字之十四位，共五十位。標列七音、清聲、濁聲、發聲、送氣、收聲，可一覽盡明矣。無字之音世俗多誤讀爲有字，如健字誤讀爲見之濁聲，而不知是羣母字也，若此者宜辨之。

		發聲	送氣	收聲
牙音	清	見	溪即羣之清	疑之清無字
	濁	見之濁無字	羣即溪之濁	疑
舌頭音	清	端	透即定之清	泥之清無字
	濁	端之濁無字	定即透之濁	泥
舌上音	清	知	徹即澄之清	孃之清無字
	濁	知之濁無字	澄即徹之濁	孃
重脣音	清	幫	滂即並之清	明之清無字
	濁	幫之濁無字	並即滂之濁	明

續表

	輕脣音 清	輕脣音 濁	齒頭音 清	齒頭音 濁	正齒音 清	正齒音 濁	喉音 清	喉音 濁	半舌半齒音 清	半舌半齒音 濁	半舌半齒音 清	半舌半齒音 濁
發聲	非	非之濁無字	精	精之濁無字	照	照之濁無字	影即喻之清	喻即影之濁	來之清無字	來	日之清無字	日
送氣	敷即奉之清	奉即敷之濁	清即從之清	從即清之濁	穿即牀之清	牀即穿之濁	曉即匣之清	匣即曉之濁				
收聲	微之清無字	微	心即邪之清	邪即心之濁	審即禪之清	禪即審之濁						

見有清無濁，溪羣一清一濁，疑有濁無清；端透定泥、知徹澄孃、幫滂並明、非敷奉微皆倣此。精有清無濁，清從一清一濁，心邪一清一濁；照穿牀審禪倣此。影喻一清一濁，曉匣一清一濁，皆了然易明。《夢溪筆談》以幫爲清，滂爲次清，旁爲濁，茫爲不清不濁。《四聲等子》以見爲全清，溪爲次清，羣爲全濁，疑爲不清不濁，心審爲全清，邪禪爲半清半濁。《韻會》以見爲清，溪爲次清，羣爲濁，疑爲次濁。此所謂清濁，乃發送收耳。蓋未有發送收名目，而强謂之清濁也。不清不濁之名令人不解，且心邪相配審禪相配，心審爲全清，邪禪安能爲半清半濁乎？且如《韻會》之説則似見爲羣之清、羣爲見之濁，溪爲疑之清、疑爲溪之濁，尤令人淆惑矣。江氏《辨微》雖承《韻會》之誤，然見下注云：「無濁。」溪下注云：「羣之清。」羣下注云：「溪之濁。」疑下注云：「無清。」則仍不誤。

清濁最易分者也。如：天，清；田，濁。人人能分。孫愐《唐韻序後論》云：「切韻者本乎四聲，引字調音，各自有清濁。」此言四聲各有清濁，文義甚明也。説見《内篇·通論》。後來説清濁者乃多淆亂。方密之《通雅》云：「將以用力輕爲清，用力重爲濁乎？將以初發聲爲清，送氣聲爲濁乎？將以啌喉之陰聲爲清，嚨喉之陽聲爲濁乎？」此可見其淆亂矣。如《廣韻》卷末附「辯字五音法」：一脣聲并餅，注云「清也」；二舌聲靈歷，注云「清也」；三齒聲陟珍，注云「濁也」；四牙聲迦佉，注云「濁也」；五喉聲綱各，注云「濁也」。此惟以并餅爲清不誤，其餘靈歷濁而誤以爲清，陟珍迦佉綱各皆清而誤以爲濁。又有「辯四聲輕清重濁法」，以珍陳椿宏諸字爲輕清，以真辰春洪諸字

爲重濁，其悠謬不可究詰矣。《養新録》云：「影母之字引而長之則爲喻母；曉母之字引長之，稍濁，則爲匣母。」此錢氏於清濁尚未盡能辨也。影母清，喻母濁，影母雖引長，豈能爲喻母乎？匣母即曉母之濁，安有所謂稍濁者乎？

方氏《通雅》云：「于波梵摩得發送收三聲，故定發送收爲横三。」江氏《辨微》云：「見爲發聲，溪羣爲送氣，疑爲單收，舌頭、舌上、重脣、輕脣亦如之，皆以四字分三類。精爲發聲，清從爲送氣，心邪爲别起别收，正齒亦如之，此以五字分三類。曉匣，喉之重而淺；影喻，喉之輕而深。此以四字分兩類。」澧案：發送收之分别最善。發聲者，不用力而出者也。送氣者，用力而出者也。收聲者，其氣收斂者也。心邪當謂之雙收，江氏謂之别起别收，未當也。影喻當爲發聲，尤當謂之雙發。曉匣當爲送氣，而無收聲也。《養新録》云：「試即牙舌脣之音引而伸之，曰基欺奇疑伊，可也；基欺奇希奚，亦可也。東通同農隆，可也；幫滂旁茫房，亦可也。未見其必爲四也。即齒音斂而縮之，曰昭超潮饒，可也；將鏘戕詳，亦可也。未見其必爲五也。」錢氏此説尤誤。基欺奇疑下添伊字，伊字濁聲之夷字將置於何處乎？將鏘戕下只有詳字，詳字清聲之襄字將置於何處乎？由於未明清濁相配故也。

《切韻指掌圖》影曉匣喻四母之次第甚謬，竟似不知喻母爲影母之濁矣。《四聲等子》《五音集韻》《切韻指南》皆以曉匣影喻爲次第，則影喻清濁相配不謬，然以曉匣在影喻之前，亦非也。影喻是發

聲，曉匣是送聲也。國書字頭以阿額依鄂烏阿爲先，即影母也。○《七音略》字母幫滂並明、非敷奉微，端透定泥、知徹澄孃，見溪羣疑，精清從心邪、照穿牀審禪，影曉匣喻，來，日，其次第與諸書不同。

《玉篇》末附《五音聲論》，有喉聲舌聲齒聲脣聲牙聲；《廣韻》末附「辯字五音法」，一脣聲并餅，二舌聲靈歷，三齒聲陟珍，四牙聲迦佉，五喉聲綱各。又有「辯十四聲例法」，俱是辯韻，非辯聲。今不録。皆但言五音，不言七音。《夢溪筆談》始言脣音舌音各八，牙音喉音各四，齒音十，半齒半舌音二，凡三十六。又云：「切韻家以脣齒牙舌喉爲宫商角徵羽，又有半徵半商，來日二字是也。」鄭漁仲作《七音略》，盛稱七音之説，謂江左之儒，知縱有平上去入爲四聲，而不知衡有宫商角徵羽半徵半商爲七音。七音之韻起自西域，臣初得《七音韻鑑》，胡僧有此妙義，而儒者未之聞。又云皇頡史籀之書已具七音之作，又以七音牽連於蘇祇婆琵琶。漁仲之誕妄如此。澧案：《大般涅槃經》有舌根聲舌齒聲上咢聲舌頭聲脣吻聲，是此種名目出於西域，宫商角徵羽半徵半商之説則西域所無也。《夢溪筆談》謂切韻家以脣齒牙舌喉爲宫商角徵羽，則脣是宫，喉是羽。《七音略》以幫滂並明、非敷奉微爲羽，影喻曉匣爲宫，則與《筆談》之説又異，皆不足據也。古人無平上去入之名，謂之宫商角徵羽已屬借用。説見《内篇·通論》。至以三十六字母分配之，尤屬無謂，置之不論可矣。《五音聲論》以喉舌齒脣牙分配東西南北中，不以分配宫商角徵羽。神珙之《五圓圖》云：「宫，舌居中；商，開口張；角，舌縮卻；徵，舌拄齒；羽，撮口聚。」但形容讀此五字之形狀

耳。其宫居、隆閭、商書、陽余之類，則但言雙聲疊韻耳。七音之説出於其後也。更有説水火木金土、心肝脾肺腎者，付之一噱而已。

開口合口名目，古人雖無之，然甚精當。《廣韻》切語下字分别開合甚明，如羈、居宜切，開口。嫣，居爲切，合口。攲、去奇切，開口。虧，去爲切，合口。耆、渠脂切，開口。逵，渠追切，合口。宜、魚羈切，開口。危。魚爲切，合口。下字兩兩不同，是開合以下字定之也；上字兩兩相同，是開合不以上字定之也。切語上字不論開合，故字母亦不論開合。見溪疑三字皆開口，羣字合口，隨所用而不拘也。見溪羣疑若作貫窺勤危，影喻曉匣若作枉衛火滑，亦皆可也。〇開合本由於韻之不同，然見溪羣疑、影喻曉匣八母之開合，則似出音亦不同，故後來有妄增字母者也。

《切韻指掌圖》字母平列三十六行，《七音略》、《四聲等子》則置知徹澄孃於端透定泥之下，置非敷奉微於幫滂並明之下，置照穿牀審禪於精清從心邪之下，爲二十三行而已。端四母精五母有一等四等無二等三等，知四母照五母有二等三等無一等四等，遂以相補。非四母但有三等無一等二等四等，幫四母雖四等俱有，而遇三等無字之處，則以非四母相補，可謂巧矣。然不如平列之，使有者自有，無者自無，順其自然，不必相補也。

一等	見	溪	羣	疑	端	透	定	泥	幫
二等	見	溪	羣	疑	知	徹	澄	孃	幫
三等	見	溪	羣	疑	知	徹	澄	孃	幫非
四等	見	溪	羣	疑	端	透	定	泥	幫

續表

一等	滂	並	明	精	清	從	心	邪
二等	滂	並	明	照	穿	牀	審	禪
三等	滂敷	並奉	明微	照	穿	牀	審	禪
四等	滂	並	明	精	清	從	心	邪

續　表

一等	二等	三等	四等	
影	影	影	影	
喻	喻	喻	喻	
曉	曉	曉	曉	
匣	匣	匣	匣	
來	來	來	來	
		日		

《廣韻》切語有一韻一類者，有一韻二類三類四類者，以相近之韻合計之，有多至十三四類者，等韻家則限定四等，有開口合口，則限定開合各四等。如魚虞模三韻皆一類，但當分三等耳。而等韻家則以模韻爲一等，魚虞皆分析爲二等三等四等。又如元寒桓刪山先仙七韻共十三類，雖分開口合

口二圖，亦不能每圖只四等也，而等韻家亦限於四等。又如東冬鍾三韻，東二類，冬鍾皆一類，共四類，適可分四等矣。而等韻家則以冬韻爲一等，鍾韻爲三等，東韻則析之爲一二三四等，皆不依切語下字分類。於是東韻弓字三等，而嵩字息弓切則四等矣，崇字鋤弓切則二等矣。公字在東韻，攻字在冬韻而同爲一等矣。風豐馮在東韻，封峯逢在鍾韻，而同爲三等矣。如此則古人何必分韻乎？何必每韻切語分類乎？此限定四等之病也。

古人於韻之相近者分爲數韻，如東冬鍾是也。又於一韻中切語下字分爲數類，如東韻分二類是也。此即後來分等之意。然古人但以韻分之，但以切語下字分之，而不以上字分之。如東韻蒙莫紅切，瞢莫中切，同用莫字是也。既有下字分類，則上字可不拘也。等韻家則以字母分等。然古書切語二字不盡同等，不憑下字分等，而憑上字分等，遂使同一韻同一類之字有等數參錯者矣。今於第二卷用《五音集韻》之例，每字標出一二三四等，其參錯不參錯皆畢見矣。

知三母字古音讀如端三母，非四母字古音讀如幫四母。切語上字有沿用古音者，宋人謂之類隔。《廣韻》每卷後有「新添類隔今更音和切」一條。《四聲等子》遂立門例，其一條云：「端知八母下，一四歸端，二三歸知。」又云：「以符代蒲，其類奉並。以無代模，其類微明。」明僧真空作《門法玉鑰匙》又增減之爲十三條。方素北《古今釋疑》云：「詳其所以立門法者，乃見孫愐切腳不合，而不敢議之，故强爲此遷就之說。」澧案：此說是也。作門法者，本欲補救等韻之病，而適足以顯等韻之病，

其不敢議古人不合，是其謹慎。然如《廣韻》書中不改舊切，但於卷末記所當改之字，亦何嘗非謹慎乎？邵光祖《切韻指掌圖·檢例》用《廣韻》卷末之法，臚列百餘字，云：「椿字元是類隔都江切，今改爲音和知江切。皮字符羈切，今改爲並羈切。他皆倣此。」然光祖但改二字，其餘不改，今盡列而改之，並注明字母，以便於尋覽，則所謂門法者可以刪除，不致轇轕，徒亂耳目矣。

椿陟江切·知　縋直僞切·澄　貯陟吕切·知　滯直例切·澄　窡陟滑切·知　鵽陟刮切·知　罩陟教切·知　觰陟賈切·知　牚丑孟切·徹　瑒直杏切·澄　⿰害少陟力切·知　湛直減切·澄

以上《廣韻》切語上字用端三母字，今改知三母字。泥孃二母，今音難分。《養新録》考古音謂舌音類隔之説不可信，亦不考泥孃二母字。澧謂此二母之分本可疑，如尼字不入泥母而入孃母，農字入泥母而醲字入孃母，更無古音今音之可言矣。故今置之不論也。

卑博移切·幫　鈹匹羈切·滂　皮蒲羈切·並　陴蒲支切·並　彼博委切·幫　悲博眉切·幫　丕匹悲切·滂　毗蒲脂切·並　邳蒲悲切·並　鄙博美切·幫　否蒲鄙切·並　嶭博賣切·幫　庍博卦切·幫　⿰片咅蒲來切·並　彬博巾切·幫　頻蒲真切·並　貧蒲巾切·並　宋匹刃切·滂　弼蒲密切·並　奔博悶切·幫　媥博閑切·幫　編博典切·幫　篇匹連切·滂　便蒲連切·並　辡博免切·幫　褊博緬切·幫　辯蒲蹇切·並　徧博見切·幫　瞥匹滅切·滂　飆博遥切·幫　鑣博驕切·幫　奥匹招切·滂　瓢蒲霄切·並　縹匹沼切·滂　摽蒲少切·並　褾博廟切·幫　靤蒲教切·並　縛蒲卧切·並　閍博盲切·幫

兵博明切・幫　磅匹庚切・滂　平蒲兵切・並　并博盈切・幫　偋蒲正切・並　僻匹辟切・滂　擗蒲益切・並　甓蒲歷切・並　凭蒲冰切・並　堛匹逼切・滂　愎蒲逼切・並　𥨐博隥切・幫　倗蒲鄧切・並

以上《廣韻》切語上字用非三母字，今改幫三母字。

彌莫移切　靡莫彼切　眉莫悲切　美莫鄙切　浼莫罪切　珉莫巾切　泯莫盡切　樠莫元切　矕莫板切　緜莫延切　免莫辨切　滅莫列切　苗莫瀌切　眇莫沼切　麼莫果切　盲莫庚切　明莫兵切　皿莫永切　䁅莫幸切　名莫並切　眳莫井切　𥉮莫逼切　瞢莫登切　㠓莫亙切　莓莫救切　呣莫侯切　繆莫彪切　姏莫甘切

以上《廣韻》切語上字用微母字，今改明母字。

又有《廣韻》切語上字用幫三母字，而其字之切語上字則系聯於非三母者。如陂，彼爲切，屬幫母；而彼，甫委切，甫字則屬非母。澧爲《内篇》，以《廣韻》切語編爲表，今爲《外篇》與《内篇》相承，亦以陂彼列於非母，然當識其爲幫母。故今每字注字母以明之，不厭其贅也。

陂幫　俾幫　被並　婢並　臂幫　賁幫　帔滂　髲並　避並　匕幫　痺幫　祕幫　鼻並　備並　蔽幫　獘並　賓幫　牝並　儐幫　必幫　筆幫　邲並　鞭幫　鴘滂　變幫　便並　卞並　鷩幫　別並　表幫　藨並　驃並　霸幫　𩦃並　丙幫　柄幫　病並　𣙷並　餅幫　摒幫　辟幫　碧幫　丷幫　砅滂　凭並　逼幫

端三母與知三母，幫四母與非四母，謂之類隔，而相補猶可也。精五母照五母則非類隔也。等韻家謂精五母無二等三等，照五母無一等四等，而以之相補。然如鑑韻覽字二等而子鑑切屬精母，夬韻啐字二等而蒼夬切屬清母，安得云精五母無二等乎？盍韻譫字一等而章盍切屬照母，厚韻鯫字一等而仕垢切屬牀母，敢韻灟字一等而賞敢切屬審母，齊韻移字四等而成臡切屬禪母，安得云照五母無一等四等乎？於是作門法者設爲振救門、正音憑切門、精照互用門、寄韻憑切門，因有不合而立一門，又有不合又變爲二門三門，輾轉轇轕，不可究詰矣。今不録其說。

四等之參錯，有同韻同類皆三等而雜以四等者，因其字屬精五母也。此所謂振救門也。如陽韻字皆三等而將鏘牆襄詳則四等，因精五母無三等故也。然今考之皆可改爲三等，毫無窒礙，不必立此五母有四等無三等之例也。

同韻同類皆三等而雜以四等者，又因切語上字用喻母余夷諸字也。《廣韻》切語上字余夷諸字與于羽諸字不同類，字母家併爲喻母，而分于羽諸字爲三等，余夷諸字爲四等。此乃遷就以求不背於古切語耳。何不順其自然分爲兩母乎？又何不竟以當時之音爲斷，不分兩母，亦不分兩等，使同韻同類之切語不相雜乎？曷韻俱一等，惟藒字予割切四等，因其以予字四等致此參錯也。以切語上字分等，故有此病。

同韻同類皆三等而雜以二等者，因切語上字用莊爭諸字、初楚諸字、牀鋤諸字、山疏諸字也。《廣

韻》切語上字莊争諸字與之止諸字不同類，初楚諸字與昌尺諸字不同類，牀鋤諸字與神乘諸字不同類，山疏諸字與書舒諸字不同類，字母家以八類併爲照穿牀審四母，而分之止昌尺神乘書舒諸字爲三等，莊争初楚牀鋤山疏諸字爲二等，此亦遷就之法，何不分爲八母乎？最謬者謂日母只有三等，而齊韻字皆四等，乃有䶑字屬日母，遂立日寄憑切門。門法之可哂如此。

鄭漁仲《通志·藝文略》有《切韻内外轉鈐》一卷《内外轉歸字》一卷，其書不知若何？漁仲作《七音略》凡四十三圖，各標以内轉、外轉，而不明言何爲内轉，何爲外轉。《四聲等子》「辨内外轉例」乃明言内轉者脣舌牙喉四音無第二等字，惟齒音具足。外轉者五音四等都具足。《玉鑰匙》亦設爲一門。如此則内轉外轉但分别四等字之全與不全，與審音無涉也。《等子》又有「辨廣通侷狹例」云：「廣通者第三等字通及第四等字，侷狹者第四等字少第三等字多。」《玉鑰匙》亦設爲兩門。《切韻指南》每一攝皆標内外及廣門通門侷門狹門。此亦甚無謂也，皆宜置之不論耳。袁子讓《字學元元》有「通廣不定例」「侷狹不定例」「内外不定例」，可見内轉外轉廣通侷狹之不足據也。

《四聲等子》既分内外轉，又有重少輕多、重多輕少、輕重俱等、全重無輕諸名目，《七音略》又分重中重、輕中輕、重中輕、輕中重，又有小注内重、内輕。戴東原《聲類表》亦分内轉重聲、内轉輕聲、外轉重聲、外轉輕聲。然而何謂重？何謂輕？絶無解説，茫無憑據，皆可置之不論也。《七音略》以東韻爲重中重，冬鍾韻爲輕中輕，真不可解。又有重中輕注云内重者，輕中重注云内輕者，重中重注云内重者，輕中輕

注云內輕者，誰能解之？豈非欺人之説乎？

東冬鍾江之目，相傳久矣。《四聲等子》括以十六字謂之攝。內轉八攝：深、曾、止、宕、果、遇、流、通，即侵、蒸、支、陽、歌、魚、尤、東也。外轉八攝：江、山、梗、假、效、蟹、咸、臻，即江、删、庚、麻、肴、佳、咸、真也。然改古人韻部之目，如改侵爲深、改東爲通。又不依韻部之次第，必須尋究而後得之，甚無謂也。如曰新奇，亦何足爲新奇乎？

《切韻指掌圖·檢例》云：「有應檢而不在圖者，如第二圖無隆字，代以龍字，無冬字，代以東字。」《韻會·音例》亦云：「有切異音同而一韻之內前後各出者，今併歸本音。」東韻瞢字注云：「音與蒙同。」「有切異音同而别韻出者，不再定音。」冬韻攻字注云：「音與東韻公同。」此因限於字母四等，凡韻部相近而其字同母同等，則不能收也。故字母四等者，宋元之音，不可以論唐以前音韻之學也。

增字母者始於《韻會》，增魚幺合三母：以疑母之合口音與喻母之合口音爲魚母，其書四支宜字屬疑母，危字屬魚母，十一真匀字屬喻母，筠字屬魚母。以影母之開口音爲幺母，四支逶字屬影母，伊字屬幺母。以匣母之開口音爲合母。十四寒桓字屬匣母，寒字屬合母。此竟不識開口合口，且不識疑母喻母之不同矣。

減字母者尤多。《廣韻》切語上字四十類，字母家但分三十六，其於古法已有删併矣。至《韻會》而又删併字母，併知與照，併徹與穿，併澄與牀。《養新録》以爲是。然此但合於今音耳。考之《廣韻》

切語上字，則知照、徹穿、澄牀皆截然兩類，字母家各分兩母，不背於古也。《韻會》依《平水韻》併通用之韻爲一百七部，宜其於字母亦有删併矣。《韻會》之後更有併泥與孃，併非與敷者。甚至誤於方音，併疑與喻，併微與喻。更有不分清濁，併溪羣，併透定，併徹澄，併滂並，併敷奉，併清從，併心邪，併穿牀，併審禪，併影喻，併曉匣，竟不知字母所以分清濁矣。字母之法，至此而蕩然矣。蘭廷秀以《早梅詩》「東風破早梅，向暖一枝開。冰雪無人見，春從天下來」二十字爲字母，三十六字母删去十六，其不删者又顛倒其次第，謬妄極矣。○戴東原《聲韻表》不列字母，惟每行二十字，前一行清聲，後一行濁聲。觀其無武務三字與余庾豫三字同列，則是併微與喻也。此亦通人之蔽也。

字母出於僧守温，守温又有《清濁韻鈐》一卷，見《宋史·藝文志》。北宋時有洛僧鑒聿爲《韻總》五篇，推子母輕重之法，歐陽文忠爲之序，今皆亡矣。今世所存者《切韻指掌圖》，相傳以爲司馬温公作，《四庫提要》已疑之。近者鄒特夫徵君考定爲楊中修所作，有孫覿序，見孫覿《内簡尺牘》，確鑿可據。特夫有《跋》，見其集中。《四聲等子》無撰人姓名，《玉海》有僧宗彦《四聲等第圖》一卷，蓋即此書。等韻之名，蓋始於此。《切韻指南》熊澤民序云：「古有《四聲等子》，爲流傳之正宗。」此序作於後至元丙子歲。所謂古者，蓋不過北宋時耳。《夢溪筆談》云：「縱調之爲四等，幫滂傍茫是也。」此所云四等，非等韻家之四等，則等韻家之四等出於沈存中之後歟？總而論之，此學萌於唐末而行於宋金。金有韓道昭《五音集韻》。至元時始有乖誤，其大略如此也。明人、國朝人所著字母等韻之書，昔年購求得二

十餘種，乖誤者頗多。《四庫存目》皆已指摘之，故今不具論也。惟江氏《音學辨微》之説多可采，其《四聲切韻表》則墨守宋元等韻家之書，又牽引古韻之説，其説入聲尤轇轕，今亦不具論，以省煩擾也。〇字母等韻之書人所共見者，《通志·七音略》及《切韻指南》載於《字典》卷首，其餘若《四聲等子》惟《四庫》有之，傳寫者少。《切韻指掌圖》刻於《墨海金壺》，流傳亦少，近有欲重刻者。《五音集韻》亦難得，其卷帙頗多，則校刻不易矣。[一]

切韻考外篇　跋

先生刻《切韻考外篇》既成，郵寄都門再校一過，其中有當補者，以文繁不能羼入，命爲跋尾記之。時值廷相銜恤歸里，越數月而先生亦捐館。荏苒三年，未遑屬筆。甲申夏日，檢讀先生遺書，乃補録焉。字母家謂喻母字只三四等，以夷與諸字出切者爲四等，于羽諸字出切者爲三等。然如賄韻倄于罪切，海韻䑂與改切，皆列一等，則其歧出也，《廣韻》切語以下字分開合，然亦有歧出者。如紙韻綺墟彼切，梗韻影於丙切，願韻建居万切，綺影建開口而彼丙万合口，此以合切開也。戈韻脞醋伽切，陽韻王雨方切，庚韻横户盲切，耕韻宏户萌切，養韻往于兩切，寘韻避毗義切，卦韻卦古賣切，禡韻化呼覇切，漾韻況許訪切，黠韻傄莫八切，婠烏八切，滑户八切，鐸韻郭古博切，陌韻號古伯切，昔韻役營隻切，脞、王、横、宏、往、避、卦、化、況、傄、婠、滑、郭、號、役諸字皆合口，而伽、方、盲、萌、兩、義、賣、覇、訪、八、博、伯、隻諸字皆開口，此以開切合也。等韻家以鍺韻列二等，故不出日母字，所以彌縫其法也。然《廣韻》鍺韻末有髻字而鍺切，正屬日母，以爲三等，則鍺韻只有二等之説非也；以爲二等，則日母只有三等之説又

非也。此足見以韻與母分等之均難通也。至於開合等數，等韻各書時亦互異。是書所列具有折衷，務使閲者明其法而不爲其法所惑，是則先生著書之苦心也。光緒十年五月，門人南海廖廷相謹識。

切韻考 校記

卷二

［一］四江椌　四，底本誤作「三」，依《廣韻》改。

卷三

［一］三十怗　怗，底本誤作「怙」，依校本正作「怗」。

卷四

［一］尰，時宂　宂，底本、校本皆誤作「冗」，依《廣韻》正作「宂」。

［二］睍，規恚　睍，底本、校本皆誤作「䁨」，依《廣韻》正作「睍」。

［三］沂，魚衣　魚，底本字形不清，依校本。

［四］鏋，除芮　鏋，底本、校本皆誤作「䥢」，依《集韻》正作「鏋」。

［五］憊，蒲拜　憊，底本字形不清，依校本。

［六］妹，莫佩，昧音同　底本缺「佩音同」三字，而誤爲「莫昧切」。校本亦誤。唯原嶺南大學圖

書館藏本不誤，此本現存中山大學圖書館。

［七］朩，撫刃切　朩，底本誤作「木」，依校本。

［八］濜字，鉏紖切　鉏，底本校本均誤作「組」，依《廣韻》正作「鉏」。

［九］馯，丘姦　馯，底本誤作「𩡧」，依《廣韻》正作「馯」。丘，底本誤作「上」，依校本。

卷五

［一］瑗，王眷　王，底本誤作「三」，依校本。

［二］摽，符少　符，底本誤作「苻」，依校本。

［三］數，山巧　山，底本字形不清，依校本。

［四］韡與靴同　同，底本誤作「司」，依校本。

［五］此其疏也　其，底本誤作「共」，依校本。

［六］汪䤑二字　䤑，底本校本皆誤作「醎」，依《廣韻》正作「䤑」。

［七］幽第二十　二，底本誤作「一」，依校本。

［八］千合切　合，底本誤作「含」，依校本。

［九］瞰矙　底本誤作「瞰瞰」，依校本。

卷六

［一］固未由定其不然矣　未，底本校本均誤作「末」，依粵版另一刻印本正作「未」。

切韻考外篇　校記

卷一

［一］那，諸何　諸，底本字形不清，依校本。

卷二

［一］外篇卷二　篇，底本誤作「編」，依校本。

［二］宂，而隴　宂，底本校本皆誤作「亢」，依《廣韻》正作「宂」。

［三］䁐，規恚　䁐，底本校本字形均誤，偏旁「目」誤作「貝」，依《廣韻》正作「䁐」。

［四］剫，初紀，開一　底本誤作「開三」，依校本。

［五］絮，息據　息，底本校本皆誤作「抽」，依《廣韻》。

［六］閏，丑注　注，底本誤作「住」，依校本。

［七］偈，其憩　憩，底本字形有誤，依校本。

［八］鍮，除芮　鍮，底本校本皆誤作「鏰」，依《集韻》正作「鍮」。

［九］泰，他蓋　他蓋，底本誤作「蓋他」，依校本。

［一〇］債，側賣　債，底本校本均誤作「價」，依《廣韻》正作「債」。

［一一］鰃，口猥　猥，底本誤作「偎」，依校本。

［一二］衅，許覲　衅，底本誤作「衈」，依校本。

［一三］問第二十三　三，底本誤作「二」，依校本。

［一四］文，無分　分，底本誤作「文」，依校本。

［一五］券，去願　券，底本校本均誤作「劵」。内篇表後説明此乃明本顧本之誤，張士俊本不誤。查古逸叢書覆宋本《重修廣韻》與宋巾箱本《廣韻》均誤，《王仁昫刊謬補缺切韻》（《王一》《王二》《王三》）、《集韻》、《韻鏡》、《七音略》皆誤。《康熙字典》引《正字通》：「劵，與契券之券異，券從刀，此從力。」又《廣韻》線韻：「倦，疲也，猒也，懈也。《説文》又作券，勞也。或作勬。渠卷切。」「券」與「劵」不同義，不同音。

［一六］真諄臻文殷魂痕七韻　七，底本誤作「六」，依校本。

［一七］㬎，丑晏切，合二　底本誤列潸第二十五，依校本改列諫第三十。

［一八］齞，研峴切　研，底本誤作「硯」，依校本。

［一九］哲，旨熱　哲，底本校本均誤作「晢」，依《廣韻》正作「哲」。

〔二〇〕摽，符少　符，底本校本均誤作「苻」，依《廣韻》正作「符」。
〔二一〕趠，丑教　趠，底本誤作「趕」，依校本。
〔二二〕閜，烏可　烏，底本誤作「鳥」，依《廣韻》正作「烏」。
〔二三〕醬，子亮　子，底本誤作「于」，依校本。
〔二四〕籰，王縛　王，底本誤作「下」，校本誤作「正」，依《廣韻》改作「王」。
〔二五〕棖，直庚　庚，底本誤作「更」，依校本。
〔二六〕鞕，五諍　諍，底本誤作「爭」，依校本。
〔二七〕硱，綺兢　硱，底本誤作「殙」，依校本。
〔二八〕紺，古暗　暗，底本誤作「紺」，依校本。
〔二九〕諵，女咸切，二　二，底本字體不清，校本誤作「三」，「諵」在《韻鏡》《七音略》中均列二等，反切下字「咸」屬二等韻類，應正作二等。
〔三〇〕眨，側洽　眨，底本誤作「貶」，依校本。
〔三一〕釤，所鑑　鑑，底本作「鑒」，依《廣韻》作「鑑」。
〔三二〕芝，匹凡　芝，底本誤作「芝」，依《廣韻》正作「芝」。

卷三

[一] 以上夾注底本與校本不同。校本原文:「明人、國朝人所著字母等韻之書,昔年購求得二十餘種,乖誤者頗多。《四庫存目》皆已指摘之,故今不具論也。惟江氏《音學辨微》之説多可采者,别有《四聲切韻表》,雖甚細密,然爲等韻所囿,竊所不取也。○字母等韻之書人所共見者,《通志·七音略》及《字典》卷首載《切韻指南》,其餘《四聲等子》惟《四庫》有之。《切韻指掌圖》刻於《墨海金壺》,近時流傳亦少,近有欲重刻者。《五音集韻》亦難得,其卷帙頗多,則校刻不易矣。」又容庚先生贈中山大學圖書館的一個粤版刊印本與校本相同,而商衍鎏先生所贈北京大學排印本則與底本相同。

附録一　東塾初學編音學

點校説明

一、陳澧《初學編·音學》一卷，現藏於廣東省立中山圖書館特藏部善本室。汪宗衍《陳東塾先生年譜》（一九七〇年修訂，臺灣文海出版社印行）所記，咸豐元年辛亥（一八五一年）陳澧四十二歲時寫成此書，有自刻本，今已失傳。中山圖書館所藏是陳澧原稿。稿本首頁説明：「昔時欲作《初學編》數卷，先作《音學》一卷，嘗刻於板。今失其板矣。此稿尚存，欲重刻之。丁卯（一八六七年）小除夕蘭甫記。」封面題字：「初學編」「音韻」。首頁首行頂格題寫「東塾初學編」，次行低二字題寫「音學」。封面及首頁均蓋朱色印章「陳澧之印」。

二、原稿細分前後兩卷。前卷共分五節，不標明序號。現今點校按次分別加上序數。一、四聲清濁。二、雙聲。三、疊韻。四、切語。五、字母。前卷之後空白一頁，後卷分别七條並舉例，最後加以總結。

三、原稿文句中多處有小字夾注，分兩行排列。點校本改作一行，用不同字號或外加括號。

四、金武祥《粟香隨筆》（光緒七年，一八八一）載：「陳蘭甫有《初學編·音學》一卷，曾刻於板而失之，爲重刻於此。」經查校：此刻本與陳澧稿本内容相同，個別詞語有改動，個别字誤刻。

東塾初學編　音學

一、四聲清濁

平上去入四聲各有一清一濁，舉例于左。

醫平清倚上清意去清憶入清　腰平清夭上清要去清約入清

怡平濁以上濁異去濁翼入濁　遥平濁鷂上濁耀去濁藥入濁

右十六字熟讀之以類推於他字，至任舉一字皆能辨其四聲清濁乃止。（讀此當用粤音，他處音但能辨平聲清濁，多不能辨上、去、入清濁也。但粤音入聲有兩清一濁，如「必，清；鼈亦清；别，濁」是也。如「憶」即「必」之類，「約」即「鼈」之類也。當知入聲亦一清一濁，其歧出者，乃粤音之未善耳。）

二、雙聲

凡音有出有收，二音同出謂之雙聲，每一類略舉十二音于左。

穹腔卿	欽牽	溪開	區敲邱	珂佉
窮強擎	勤乾	奇〇	渠翹求	〇伽
通湯廳	吞天	梯胎	〇叨偷	拖他
同堂庭	屯田	啼台	塗桃頭	沱〇
瘡忡稱	嗔穿	癡釵	〇超抽	〇叉
蟲床澄	陳纏	馳柴	除潮儔	〇茶
〇滂俜	〇篇	丕〇	鋪飄〇	頗〇
蓬旁瓶	貧便	皮排	蒲瓢裒	婆爬
風方〇	分翻	飛〇	敷〇不	〇〇
馮房〇	焚煩	肥〇	符〇浮	〇〇
聰蒼清	親千	妻〇	趨操秋	磋〇
從藏晴	秦前	齊才	〇曹愁	〇〇
嵩相星	新先	西顋	胥消羞	娑些
鬆詳餳	〇涎	隨〇	徐〇囚	〇邪

此一類字音易訛，當以清音轉爲濁音。

○雙聲	身羶	詩○	書燒收	○沙
○常繩	神禪	時○	○韶○	○蛇
雍央英	因烟	依○	於腰憂	○鴉
容陽盈	寅延	怡○	俞遙由	○爺
胸香馨	欣軒	僖○	虛梟休	○蝦
雄降行	○弦	兮諧	○○○	○霞
公江京	巾堅	基皆	居交鳩	歌家
○○○	○○	○○	○○○	○○
東當丁	敦顛	低○	都刀兜	多○
○○○	○○	○○	○○○	○○
中張征	珍饘	知齋	諸招周	○渣
○○○	○○	○○	○○○	○○
○邦兵	賓邊	卑○	逋包○	波巴
○○○	○○	○○	○○○	○○

宗藏精	津煎	賫栽	租遭鄒	○嗟
○○○	○○	○○	○○○	○○
○○○	○○	○○	○○○	○○
○昂○	銀研	疑崖	吾敖牛	俄牙
○○○	○○	○○	○○○	○○
農娘能	○年	泥○	奴猱獳	那拏
○○○	○○	○○	○○○	○○
蒙茫明	民眠	眉埋	模毛牟	磨麻
○○○	○○	○○	○○○	○○
龍郎靈	鄰連	離來	盧勞摟	羅○
○○○	○○	○○	○○○	○○
戎穰仍	人然	而○	如○柔	○○

此一類字粵音皆訛，當以官話而字爲定，餘皆以而字推之。右四十條或有字或有音無字，其同一條者任舉二字皆雙聲也。第一條即第二條之清，第三條即第一條之濁，後皆仿此，每兩條並讀之（讀此勿用粵音）。先讀清濁各三字（如穹腔卿、窮強擎），讀既熟，各增二字讀之（如穹腔卿欽牽、窮

強擎勤乾，後皆仿此），又各增二字讀之，又各增三字讀之，又各增二字讀之。其二十二條、二十四條、二十六條、二十八條、三十條無字，皆以前一條濁音讀之。三十一條、三十三條、三十五條、三十七條、三十九條無字，皆以後一條音讀之。平聲既熟，又轉爲上去入聲讀之，至任舉一字皆能得其雙聲之字乃止。

三、疊韻

二音同收謂之疊韻。疊韻，易知也。但韻有相近而洪細不同者，舉例于左。

該洪皆細	開洪揩細
干洪堅細	看洪牽細
高洪交細	尻洪敲細
岡洪姜細	康洪腔細
庚洪京細	阬洪卿細
鉤洪鳩細	摳洪邱細

右二十四字熟讀而類推之（官話讀，下並同），凡韻之洪細皆可辨矣。韻有相近而開口呼合口呼不同者，舉例于左。

單開端合　低開堆合

灘開湍合　梯開推合

開口合口者，韻之不同也。亦有並其聲微異者，舉例于左。

饑開軀合　欺開虧合　奇開葵合　疑開危合

伊開威合　怡開帷合　僖開揮合　奚開回合

以上二十四字熟讀而類推之（官話讀），凡韻之開合皆可辨矣。

四、切語

切語以二字之音定一字之音，上字雙聲，下字疊韻。上字定其清濁，下字定其平上去入，又定其洪細，定其開合也。上字不論平上去入，不論洪細開合，下字不論清濁，舉例于左。

東德紅切　德東雙聲，紅東疊韻。

德東皆清，德入東平不論也。紅東皆平，紅濁東清不論也。

干古寒切　堅古賢切

寒干皆洪，賢堅皆細，古洪堅細不論也。

干古寒切　官古丸切

寒干皆開，丸官皆合，古合干開不論也。

五、字母

字母者于同聲之内舉一字以爲標目，猶韻書東冬江支微等字於同類之内舉一字以爲標目也。

字母之字不論平上去入，猶東冬江支微等字不論清濁也。

見 基 ○見之濁無字	溪即羣之清 溪 羣即溪之濁 奇	○疑之清無字 疑 疑
端 低 ○端之濁無字	透即定之清 梯 定即透之濁 蹄	○泥之清無字 泥 泥
知 知 ○知之濁無字	徹即澄之清 癡 澄即徹之濁 馳	○娘之清無字 娘 尼
邦 悲 ○邦之濁無字	滂即並之清 丕 並即滂之濁 皮	○明之清無字 明 眉
非 非 ○非之濁無字	敷即奉之清 霏 奉即敷之濁 肥	○微之清無字 微 微
精 齎 ○精之濁無字	清即從之清 妻 從即清之濁 齊	心即邪之清 西 邪即心之濁 隨

續表

照 支 ○照之濁無字	穿即牀之清 鴟 牀即穿之濁 ○	審即禪之清 詩 禪即審之濁 時
影即喻之清 依 喻即影之濁 怡	曉即匣之清 僖 匣即曉之濁 兮	
來 離 ○來之清無字		
日 而 ○日之清無字		

焉於乾　　鋋市連開三

見堅去聲　疑俄飴切　定庭去聲

滂旁清聲　並瓶上聲　從平聲濁

邪些濁音　牀昌濁音　禪擅濁音

匣奚甲切　日而質切　勿誤讀

三十六母，唐宋之音也。以今音讀之，泥娘無别，知照無别，徹穿無别，澄牀無别，非敷無别，又微母北人音與喻母合口無别（讀微如圍），南人音與奉母無别（讀微如肥），或與明母無别（讀微如眉）。

見溪羣疑影喻曉匣八母之字，開口呼合口呼似出音有異，當知似異而實同母也（前所舉饑龜等十六字是也）。

［空白一頁］

［次頁卷首小字］「前一卷已刻之後，嫌其太繁，改作此七條更簡明也。」

平上去入四聲各有清濁，舉例于左。

清　因隱印一

濁　寅引酳逸

入聲一清一濁，粤音則二清一濁，舉例于左。

清　織炙　必鼈

濁　直　別

韻有四等之説，頗不確。以《廣韻》考之，有不止四等者，以今音審之，則無四等，但有洪細二類

而已。舉例于左。

干堅　高驕　岡姜　庚京

韻有開口合口，此本韻之不同，不關于出聲。然見溪羣疑影喻曉匣八類，其開口合口牽制出聲爲異狀，舉例于左。（有音無字者用〇）

	開合	開合
見	雞歸	岡光
〇	〇〇	〇〇
溪	溪窺	腔匡
羣	奇葵	强狂
〇	〇〇	〇〇
疑	疑危	昂〇
影	伊威	央汪
喻	移爲	陽王
曉	熙揮	香荒
匣	兮回	降黄

三十六字母音不可誤

見堅去聲　疑吾怡切　定庭去聲　滂旁清聲

並瓶去聲　從平聲濁　邪些濁聲　牀瘡濁聲

禪善平聲　匣何甲切　日而逸切

三十六字母今音不能分者

知照　徹穿　澄牀　泥娘　非敷　明微

（此二母粵音不能分）

三十六字母清濁，發送收爲表于左。（有音無字者用〇）

	發	送	收
清	見	溪	〇
濁	〇	羣	疑
清	端	透	〇
濁	〇	定	泥
清	知	徹	〇
濁	〇	澄	娘

清	邦	滂	○
濁	○	並	明
清	非	敷	○
濁		奉	微
清	精	清	心
濁	○	從	邪
清	照	穿	審
濁	○	牀	禪
清	影	曉	
濁	喻	匣	
清	○	○	
濁		來	日

以上七條前四條熟讀之，任舉他字皆能類推而止。後三條熟看之，則知字母呼等之法矣。

（全稿完）

點校者一九九五年九月中旬抄録

附録二　廣韻增加字考略

整理説明

一、書稿乃陳澧撰作，封面題名《陳東塾寫本廣韻增加字考略》，下蓋「黄喬之印」，卷末蓋「劬學齋藏」、「慕韓三十歲以後所得」兩個印章。書稿簡介始見一九四〇年十二月廣東文物展覽會編印的《廣東文物》卷九《廣東未刻之書籍》。書稿現存香港大學馮平山圖書館。一九九八年三月點校者赴港學術訪問，抄録此書稿，現作點校與辨析。

二、書稿共十六頁，以平上去入爲序列取《廣韻》反切用字問題七十多條，上下平聲每條均注考異、增加、切語字考等類别，上去入三聲則極少加注。卷首説明此書及《廣韻切語考異》《廣韻切語下字考》合爲《切韻訂》，不必分三書。

三、書稿多數條目是考辨《廣韻》的增加字。準確地説：增加字應該是指《廣韻》音節結構中一些多餘的音節，同一韻部之内聲類韻類完全相同而分立兩個切語，其中一個是屬於增加字。例如

抾丘之切欺去其切，眹式其切詩書之切，豻可顏切馯丘姦切，蹔昨三切慙昨甘切，愢職勇切腫之隴切，跡止姊切旨職雉切，俖普乃切啡匹愷切，佁夷在切腴與改切，𨅬而尹切蝡而允切，秠芳婦切恒芳否切，喊呼嗛切闞火斬切，伵火季切瞲香季切，皠七外切襊麤最切，蚚胡輩切潰胡對切，諿千過切剉麤臥切，趝紀念切兼古念切，唈烏荅切姶烏合切，𨗨先頰切燮蘇協切，啜姝雪切歠昌悅切，棧士免切撰士免切。陳澧所列增加字範圍較廣，現代學者認爲以下三類字在《廣韻》聲韻結構中並非多餘的音節，不應算作增加字。

第一類韻部或韻類開合互混。合口誤作開口，如崴乙皆切，濡乃官切，繃北萌切，跬丘弭切，伴蒲旱切，滿莫旱切，爸捕可切，硰作可切，昫九峻切，汪烏浪切，率所律切；開口誤作合口，如趣渠人切，屒珍忍切，螼棄忍切，濜鉏紖切，脪興腎切，攤奴但切，磋七過切，侉安賀切。鬢姊末切與繓子括切也是開合不同。

第二類重紐。《韻鏡》《七音略》一些三等韻的喉牙脣聲母字分列三等與四等，如恘去秋切丘去鳩切，蜎狂兗切圈渠篆切，楩符善切辯符蹇切，劓牛例切藝魚祭切，螼羌印切菣去刃切，筣方別切鷩並列切。重紐切語韻類不完全相同。

第三類借用字。某字借用不同韻類的字作反切下字而與之系聯的同類字。如鰥古頑切，窀墜頑切，尶力頑切湲跪頑切湲獲頑切嬽委鰥切；鞾許戈切。胞於靴切舵去靴切瘸巨靴切臠縷鞾切；涶都侗切，鷉莫湩切；𠀋乖買切，夥懷𠀋切拏丈夥切扮花夥切；礦古猛切，界苦礦切；拯無韻切，庱丑拯切殑其拯切，殊色庱切；蝗户盂切，弦烏橫切；虢古伯切，嚄胡伯切謋虎伯切擭一虢切蟈丘擭切。還有祭部䅭丘吠切

猭呼吠切，借用廢部吠字作反切下字。

四、書稿中一部分條目是考異，考證誤分切語以及切語用字有疑義。如茬士之切與萗俟甾切，揤諧皆切與諾皆切，關古還切與鰥古頑切，韡許戈切與許𦚐切，䣢昨三切與作三切，𢕩職勇切又且勇切，士鉏里切與俟牀史切，伴蒲旱切與薄滿切，㦃初綰切與阻限切，題獨計切渻匹世切矊音例，夬古賣切與古邁切，蠆丑犗切與丑介切，半博慢切與博幔切，汪烏浪切與烏曠切，黖音黯去聲，㚓土骨切與突他骨切，麧下没切與搰户骨切，䫄五骨切與五滑切，啜姝雪切與殊雪切。

五、《考略》題注有廣韻切語下字考一項，書稿中只在韡許戈切條上作注而未見其他條目。實際上切語下字與增加字及考異二項密切相關，不少是三位一體。如歲乙皆切率所律切磋七過切侉安賀切，鰥古頑切蠆丑介切虢古伯切，夬古賣切半博慢切，均屬於切語下字考。

六、《考略》原稿無標點，文字暢順，一些條目雖有改動，但字句清晰，段落分明。點校悉依原稿，逐條標點，逐條辨析。校證所用文獻有：《東塾叢書·切韻考》；北京大學《十韻彙編》(《切一》、《切二》、《切三》、《王一》、《王二》、《唐韻》、五代刊本《切韻》)；故宫博物院藏唐寫本《王仁昫刊謬補缺切韻》；《鉅宋廣韻》；《集韻》；《古逸叢書》覆永禄本《韻鏡》；鄭樵《通志·七音略》；徐鍇《説文解字篆韻譜》；徐鉉《説文解字》注音；《切韻指掌圖》；周祖謨《陳澧切韻考辨誤》；方孝岳《廣韻韻圖》等。

七、書稿中多數條目的考辨文字與《切韻考》韻表後的有關説明文字基本相同，其中滿莫旱切幔初綰切礦古猛切三條注明「此條入表後」，可見《考略》是寫在《切韻考》之前。 撵字《切韻考》論定爲諾皆切，伴字所引徐鍇音薄旱反，比《考略》更準確，據此可知《切韻考》是在《考略》之後。 但《考略》有個別條目未列入《切韻考》，如關古還切，《説文篆韻譜》古頑切。 一些條目的論點與引例也是《切韻考》所缺少的，例如㧐字《廣韻》又且勇切，《説文篆韻譜》在鍾部職容切； 戈部切語分三類；《集韻》䵘字作三切，《廣韻》誤爲昨三切； 蟹部切語分二類；《説文篆韻譜》半博縵反； 映部切語分四類；痕部入聲併入没部； 陌部切語分三類；《説文篆韻譜》率字歸術部，等等。《考略》比《切韻考》論述更詳細。《考略》可能是《切韻考》的部分稿本，所考的字不多，但據此可更深刻認識《廣韻》反切與《切韻》《唐韻》《集韻》的相互關係。《考略》比《切韻考》更多引用《集韻》，如欺抾同切，詩眣同切，企跂與跬音不同，啡俖朏同切，蟆蹮同切，恒極同切，至部切語分三類，齗潰音同，姶唈音同，燮渫同音，等等。 比較《廣韻》與《集韻》分韻定切的異同，從中亦可瞭解《七音略》與《韻鏡》列字的優缺點，足見《考略》對深入研究《廣韻》的聲類韻類具有重要參考價值。

廣韻增加字考略

此書及《廣韻切語考異》《廣韻切語下字考》合爲《切韻訂》，不必分三書也。

上平

七之

考異　茬士之切一〇漦俟甾切一　二字相接兩切音同，此誤分也。《説文篆韻譜》茬漦並俟之切，此陸氏《切韻》之舊。徐鉉等校《説文》附音茬仕甾切漦俟甾切，《説文》所附音音同之字切語多不同，然仕甾、俟甾二切音同也。《集韻》茬仕之切漦俟甾切，則沿《廣韻》之誤耳。

［校辨］《切韻考》卷四還有止部俟小韻與士小韻相連，陳澧疑其誤分。俟字《廣韻》牀史切，與士小韻同屬牀母，似應算作是增加字。但故宫博物院藏唐寫本王仁昫《刊謬補闕切韻》（簡稱《王三》）俟漦史反，反切上字漦與俟可系聯爲一類，宋鄭樵《通志·七音略》列俟與漦爲禪母二等，據此則俟與士不同音，茬與漦二小韻皆不屬於增加字。《切韻》殘卷（《切二》《切三》）以及《王三》之部皆分設茬與漦二小韻，《廣韻》前有所承，徐鉉《説文》音與《廣韻》同。徐鍇《説文篆韻譜》則與《切韻》不合。

增加　抾丘之切一與欺去其切音同，又在部末（凡增加字多在部末，後皆仿此），乃增加字也。《集韻》欺抾同切。

［校辨］《廣韻》欺小韻有十一個同音字，最後一個是抾字又丘之切。之部末另立小韻丘之切。《集韻》欺小韻共收十七字，最後是抾，但取消又音，之部末也取消丘之切這個小韻。王仁昫《切韻》

（《王一》《王二》《王三》）無丘之反一音。《七音略》不列抾字。《玉篇》抾字丘之、丘居二切，《集韻》丘於切，《廣韻》丘之切應算是增加字。宋張麟之《韻鏡》欺字列三等而抾字列四等，抾與欺二小韻則爲重紐，但之部重紐只有此個別切語，不成韻類。

增加　眹式其切一與詩書之切音同，增加字也。《集韻》詩眹同切。

［校辨］反切上字式與書同屬審三母，眹與詩二字完全同音，式其切確實是屬於增加字。但所引《集韻》詩眹同切有誤。《廣韻》眹小韻式其切置於之部末，遠離詩小韻。《集韻》則把眹小韻改爲升基切，排在詩小韻申之切之後，而與《廣韻》詩小韻當中的最後一字眹以及另加縩共三字組成一個小韻，詩與眹仍然是兩個反切，但這兩個反切也是完全同音，《集韻》升基切也是屬於增加字。

十四皆

考異　搱諾皆切一　諾皆疊韻不可爲切語，且但云諾皆切而無注義，此有脱文也。揩字注云揩摩拭，此搱字注當云揩搱，揩誤作諾，下脱搱字，而切語又脱上一字，遂誤作諾皆切耳。《類篇》搱尼皆切，當取以補之。《集韻》搱足皆切，則又誤爲足也。

［校辨］《切韻考》卷四引用《切韻指掌圖》類隔更音和一條，内有搱字諾皆切，説明諾字乃諾字之誤。認識比考異更進一步。《切三》《王三》與《鉅宋廣韻》搱字皆爲諾皆切，《韻鏡》《七音略》兩韻

圖搱字皆列爲孃母，諧字確是形誤。《王一》亦爲諧皆反，《廣韻》之前已有誤例。

增加　崴乙皆切四碨䰎混與㧃乙諧切音同，增加字也。又《玉篇》《類篇》《集韻》崴烏乖切與㧃音不同，此《廣韻》乙皆切乃增加者切語未精耳。

［校辨］《集韻》崴烏乖切，《切三》《王一》《王三》以及五代刊《切韻》殘卷皆有崴小韻乙乖反，《七音略》列爲合口，與開口㧃小韻不同音。陳澧發現《廣韻》乙皆切是切語未精，但卻認爲崴是增加字，《切韻考》還進一步引用了《玉篇》《類篇》《集韻》多種材料説明崴皆爲烏乖切，與㧃不同音，但卻未能以烏乖切取代《廣韻》的乙皆切，因而輕易否定了合口的崴。

十八諄

增加　趣渠人切一　人在真部，趣又已見準部，當是真部增加字誤入諄部也。

［校辨］《切韻》真諄同部，《唐韻》分之爲二，《廣韻》還保留真諄互通痕跡。從反切下字系聯可知，真部麏居筠切囷去倫切贇於倫切筠爲贇切，據反切下字應歸入諄部。諄部趣渠人切，據反切下字應歸入真部。周祖謨《廣韻校勘記》肯定陳澧所論趣字當入真部，但《切韻考》不録趣小韻而算作增加字。方孝岳《廣韻韻圖》趣渠人切列真部群母四等，與群母三等墐巨巾切構成重紐，趣小韻在真部有恰當的音韻位置，不作爲增加字。

二十五寒

增加　濡乃官切一　官在桓部，濡又已見虞部，當是桓部增加字，字誤入寒部也。《集韻》在桓部。

［校辨］《切韻》寒桓不分，《廣韻》定濡字爲寒部，舊習未改，濡字可歸入桓部，不算作增加字。《七音略》《切韻指掌圖》《切韻指南》桓部均列此小韻。《切韻考》認爲濡字已見虞部，誤入寒部，查找《切韻》《王韻》寒部無濡字，《廣韻》增在部末，也有可疑。

二十七删

增加　豻可顔切二鬜與馯丘姦切音同，豻又已見寒部翰部，此增加字也。《集韻》馯豻同切。

［校辨］可顔切與丘姦切，聲類韻類皆完全相同，可顔切是删部末多餘的一個小韻，豻鬜確實是增加字。豻字《廣韻》已見寒部俄寒切，翰部侯旰切、五旰切。《集韻》馯豻合爲丘顔切，明顯表現出馯豻兩小韻反切上字與反切下字互通。鬜字《廣韻》山部苦閑切，《集韻》丘閑切、鉏山切。

△關古還切　《説文篆韻譜》古頑切

［校辨］《王三》頑字山部吴鰥反，鰥字古頑反，頑字《切韻》屬山部，《廣韻》轉入删部。《説文篆韻譜》關還鰥頑均屬删部，所據《唐韻》已是删山互混。

二十八山

條未定　考異　增加　𩼿古頑切　綸，頑在刪部，《説文篆韻譜》𩼿亦在刪部，疑是《切韻》之舊，後人移𩼿入山部而未改其切語耳。嬛亦由山部切語分二類，𩼿字同類者嬛窀𢹜𢹝諼皆增加字，𩼿字在山部本無同類字，故不改切語頑字也。又《集韻》𩼿頑皆在山部，蓋因𩼿在山部並移頑入山部矣。

增加　窀墜頑切一〇𢹜力頑切一𢹝跪頑切一〇湲獲頑切　頑在刪部，此諸字蓋皆增加字，因𩼿古頑切故切語皆用頑字。

［校補］《考略》是未定稿，文字有疏漏。《切韻考》二十八山：此韻末有嬛字，委𩼿切，𩼿字切語借用頑字而不用嬛字，則嬛字乃增加字也，今不録。

［辨證］山部與刪部各有開口與合口二類，陳澧以《説文篆韻譜》論定《廣韻》，認爲𩼿小韻無同類之字，應歸入刪韻，《切韻考》外篇没有把山部合口算作一個韻類，實爲片面。《王三》頑與𩼿自成獨立的合口韻類，與刪部不相關。《集韻》頑五𩼿切，𩼿頑皆在山部。嬛逶𩼿切，窀除𩼿切，𢹜盧𩼿切，𢹝渠𩼿切，湲胡𩼿切，形成有衆多小韻的一個合口韻類。《韻鏡》《七音略》山部合口均列上五小韻，嬛窀𢹜𢹝湲不應算作增加字。《王三》未收此五小韻而《廣韻》《集韻》增收。

下平

八戈

此條入切韻字考

增加　考異　鞾許戈切。戈部切語分三類，𩨷餓𦚾䯁瘸侳𩜁臠八字爲一類，皆增加字，既增𦚾字，乃改鞾字爲許𦚾切矣。

［校辨］《切韻考》八戈〇鞾，許戈切。張本曹本許𦚾切，徐鉉許臠切。今從明本顧本。近年發現的《鉅宋廣韻》亦爲許戈切。《切三》歌部鞾，無反語。《王二》希波反。《王一》《王三》鞾火戈反又希波反。通行本《廣韻》戈部反切下字可分三類，合口一等禾戈波婆和過，合口三等鞾𦚾䯁，開口三等伽迦。陳澧把鞾小韻的反切下字𦚾改爲戈，鞾字從三等變爲一等，而與鞾字系聯的𦚾餓等一類字被定爲增加字。《切韻》各種版本也確實是缺少𦚾類字。𦚾於鞾切，䯁去鞾切，瘸巨鞾切，臠縷䯁切，是《廣韻》增收。鞾字改爲許𦚾切，與𦚾䯁瘸臠等字系聯爲合口三等一類是《切韻》以後的語音發展。《韻鏡》《七音略》列鞾類於戈部三等。《切韻考·外篇》把鞾小韻列於一等，但下注合三，自相矛盾。《切韻考》認定迦居伽切佉丘伽切伽求迦切，是屬於開口三等，這無疑是正確的。查考《切韻》殘卷已有伽字，《王一》《王二》《王三》有呿佉伽枷迦等字，《廣韻》收録此類字是前有所承，《韻鏡》《七音略》未列入歌部開口圖中，似乎是遺漏。《切韻》歌戈不分部，《廣韻》歌部開口戈部合口，按音理《切韻》

歌部迦佉伽一類字應列入《廣韻》歌部，陳澧運用反切系聯分類比較，明確《廣韻》戈部中此類字是開口三等，可以填補《韻鏡》《七音略》歌部三等圖中的空白。

十三耕

增加　繃北萌切五絣　絣拼與浜布耕切音同，增加字也。《集韻》浜在庚部。

［校辨］《切韻考》録浜，不録繃。但《切三》《王三》繃甫萌反《王二》逋萌反，皆無浜小韻，浜是《廣韻》增收。《集韻》浜在庚部，與耕部繃不同音。《切韻考》引徐鉉繃補盲切，盲字在庚部，徐鍇亦爲補盲反，可證唐時已有庚耕互混。《切韻》《廣韻》繃的反切下字萌，唇音可開可合，《七音略》浜列耕部開口而繃列合口，切合《廣韻》。浜與繃開合不同，均不能算作增加字。

十八尤

增加　惏去秋切三惆𣪊與丘去鳩切音同，增加字也。《集韻》丘惏惆𣪊同切。

［校辨］單從尤部反切下字系聯看，秋與鳩同屬一個韻類，《廣韻》惏惆𣪊可以算作是增加字。《集韻》丘惏惆𣪊同屬袪尤切。但《韻鏡》《七音略》惏小韻列在幽部四等，《廣韻》幽部無溪母字，惏小韻可填補幽部空缺。《集韻》幽部有溪母區羌幽切，但區字已見虞部，《韻鏡》《七音略》幽部溪母不列

區字而列怮字，説明怮音實質上就是幽部中的溪母。《廣韻》尤部怮小韻應轉入幽部，怮去秋切與丘去鳩切實爲重紐。

二十三談

增加　考異　蹔昨三切一與慙昨甘切音同，增加字也。《集韻》作三切，則與慙音異，或《廣韻》昨字乃作字之誤歟？

［校辨］蹔字昨三切確實是增加字，《切韻考》不録。但《切三》《王二》《王三》作三反，爲精母，與《集韻》同。《韻鏡》《七音略》皆未列此小韻，應補缺位。《廣韻》昨字乃作字之誤。蹔字精母與慙字從母不同音，不屬於增加字。

上聲

二腫

䍓莫湩切，湩下云此是冬字上聲，然則腫部字皆鍾部之上聲。其冬部之上聲惟湩字無䍓字，䍓乃增加字也。故《説文篆韻譜》湩都侗反，侗在董部，以湩無同類字，故借用也。䍓又已見講部。

［校辨］《廣韻》冬部上聲有湩都䍓切䍓莫湩切二字，可名之曰湩部，因字少而附入腫部。

《切三》腫部不列鷓湩，《王一》鷓字下缺切語，《王二》湩冬恭反，此冬之上聲。鷓莫奉反。《王三》湩都隴反，此冬字之上聲。鷓莫湩反。陳澧確認湩字應從腫部分出，但冬部上聲只收列湩字，並改作都伺切，偏信徐鍇《說文篆韻譜》，並認定湩字無同類之字，與《王三》不合。《王三》湩小韻雖用腫部的隴作反切下字，但已出現同類的鷓小韻，《廣韻》腫部湩小韻改用鷓作反切下字，湩與鷓互相系聯成爲一個獨立的韻類。鷓不能算作增加字。

憁職勇切二憽上同，又且勇切，與腫之隴切音同，增加字也。又《說文篆韻譜》憁憽在鍾部職容切，《說文》憁職茸切，以《切韻》《唐韻》無憁憽二字，故二徐各自爲音，與《廣韻》不同也。

［校辨］反切上字職與之同爲照母三等，勇與隴同屬一個韻類，憁與腫兩小韻完全同音，憁職勇切確實是屬於增加字。《韻鏡》腫部三等照母列腫而不列憁，但清母四等有憽字，適合《廣韻》憽又且勇切。《王二》《王三》憽且勇反，切合《韻鏡》。參照《王韻》、《廣韻》應增補清母憽小韻，《廣韻》憽又且勇切的又字實爲衍文。《集韻》憁憽取勇切，亦爲清母。據此，憁憽二字應定作且勇切。又《說文》與《廣韻》音不同，不必多引，《切韻考》二腫表後說明已略。

四紙

企丘弭切二跂與跬丘弭切音同，又已見寘部，此增加字也。又《集韻》企跂遣爾切與跬音不同。

《廣韻》丘弭切乃增加者切語未精耳。

［校辨］《切韻考》企列寘部去智切而不列紙部。但《集韻》跬犬縈切，企跂遣爾切，反切下字不同類。《韻鏡》《七音略》企列紙部開口而跬列合口。《廣韻》反切用字唇音字不分開合，弭字開合兩用。《切韻考外篇》跬諿俾婢渳注合口四等，而《韻鏡》《七音略》企弭婢諿俾列開口四等。《廣韻》企跬兩小韻的反切上下字完全相同，可説是切語未精，但兩小韻確實有開合的不同，不應把企小韻算作是增加字。

五旨

跡止姊切一與旨職雉切音同，增加字也。

［校辨］反切上字止與職同屬照三母，反切下字姊與雉同爲一個韻類，《韻鏡》《七音略》旨部開口列旨而不列跡，止姊切確實是屬於增加字。《集韻》跡追萃切，至部知母。《廣韻》旨跡完全同音，至部轛小韻追萃切無跡字。

六止

士鉏里切五仕栜戺𡰦○俟牀史切七竢涘騃㢑䇃㑂十二字相接，兩切音同，此誤分也。《説文》戺牀

史切，可證《廣韻》分兩切之誤。《玉篇》士涘並事几切，亦可爲旁證也。《集韻》《切韻指掌圖》《通志·七音略》皆沿《廣韻》之誤，惟《五音集韻》士俟同音不誤耳。

［校辨］中古音牀禪二母的分合，字書韻書有不同。《廣韻》士俟兩小韻皆爲牀母，陳澧認爲是誤分。《切韻考》六止以士鉏里切兼併俟牀史切，説明十二字音同。《爾雅·釋詁》釋文：竢音仕字，又作俟，亦作戺，音同。《説文》徐鉉俟竢涘䇃戺等字皆爲牀史切。《玉篇》士涘並事几切。《五音集韻》士俟同音。以上皆數字同一音，不分牀禪二母。《集韻》止部士上史切，俟牀史切，沿用《廣韻》分兩切語，但反切上字類别有所不同，士小韻混入禪母三等，俟小韻仍爲牀二。《切韻指掌圖》《韻鏡》《七音略》《四聲等子》列俟小韻爲禪二。《切三》《王三》士鋤里反俟漦史反，鋤鉏音同屬牀二，俟漦屬禪二，牀禪分立。以上各種韻圖以及《切韻》《王韻》能説明士俟兩小韻不是誤分，《廣韻》俟小韻可改漦史切。

十二蟹［羅按：《考略》原稿誤爲十三］

此部蟹買等字爲一類。𦬁𢹂夥扮四字爲一類。𢹂夥扮皆增加字，其未增加時𦬁無同類字，故借用買字也。或𦬁亦增加字，但增𦬁字時尚未增𢹂夥扮耳。

［校辨］《切韻考》十二蟹只列𦬁乖買切，認爲與解字佳買切音同，且在韻末，似是增加字，只因

𦍌字是平聲佳部媧小韻以及去聲卦部卦小韻的上聲才承認它的存在。因爲𦍌小韻無同類字,所以借用開口韻類的買作反切下字。蟹部有夥字懷𦍌切,𦍌字不用夥作反切下字,夥字又見三十四果,因此是屬於增加字。蟹部還有拐字丈夥切,扮字花夥切,因爲夥字是增加字,因此用夥作反切下字的拐扮二字也是增加字,拐扮夥三小韻皆不收録。

查《切韻》《王韻》無𦍌拐夥扮四小韻,皆爲《廣韻》增收,𦍌小韻借用買字,原因在於唇音開合皆可,既然𦍌小韻能單獨成爲合口韻類,由𦍌字系聯的一類字就不應算作增加字。《七音略》全收此類字,方孝岳《廣韻韻圖》明確列出𦍌拐夥扮四小韻爲蟹部合口韻類。

十五海

啡佁普乃切二䣽與啡疋愷切音同,䣽又已見尾部。此增加字也。《集韻》啡佁䣽同切。

[校補]原稿疋愷切誤作疋儓切。《切韻考》表後説明:「啡,疋愷切,明本顧本疋儓切,誤也。此韻無儓字。」

[校辨]疋愷切與普乃切聲類韻類全同,確實是重複。《集韻》啡佁䣽併爲普亥切,《七音略》啡列滂母位内。但《韻鏡》啡列滂母而佁誤列爲幫母。《切一》啡疋愷反,缺佁小韻,《切三》《王二》《王三》啡疋愷反佁普乃反,兩小韻早已誤分,《廣韻》前有所承。

佁夷在切一與腆與改切二腁音同，增加字也。腆腁或亦增加字，增加者非一家，各自增之，故爾。

〔校辨〕夷在切與與改切聲類韻類全同，兩小韻確實是重複。《集韻》腆腁二字併入影母倚亥切，佁字與《廣韻》同爲夷在切，但又與待怠同音，蕩亥切。《切韻》《王韻》海部均無佁腆兩小韻，皆爲《廣韻》所增收。佁徐鉉《說文音》夷在切，徐鍇夷采反，《七音略》《韻鏡》列海部喻母一等。《切韻考》不録佁字而列腆字，又認爲腆字在海部部末，實際上也是屬於增加字。

十七準

辰珍忍切一，忍在軫部，當是軫部增加字誤入準部也。

〔校辨〕《切韻考》不録辰小韻，但《韻鏡》《七音略》列軫部三等知母。《切韻》《王韻》無辰小韻。《說文篆韻譜》軫部辰珍忍反，《廣韻》誤入準部。辰字據反切下字應歸入軫部，不屬於增加字。

螼弃忍切三趣臤，忍在軫部，又已見震部，趣又已見諄部（諄部趣亦增加字）。此當是軫部增加字誤入準部也。入準部則與緊丘尹切音同。

〔校辨〕《切韻考》不録螼小韻，但《韻鏡》列軫部三等溪母。《七音略》列於四等。《王一》《王二》軫部螼趣丘忍反，趣又渠人、去刃二反，《王三》螼趣丘引反，趣又渠人、去刃三反。《廣韻》準部螼趣棄忍切以及趣字的震部又讀去刃切諄部又讀渠人切皆源出《王韻》，《王韻》軫準同部，《廣韻》軫準分

部，但有互混。《説文篆韻譜》軫部趣螼弃忍反，《廣韻》螼小韻應歸回軫部，不屬於增加字。螼字又見軫部的去聲震部羌印切。合乎又讀字四聲相承之音理。

麇丘尹切與螼弃忍切，反切上字同屬溪母，但反切下字不同韻類，螼屬開口而麇屬合口，二者不同音。方孝岳《廣韻韻圖》螼列軫部開口三等而麇列準部合口三等。

濜組紖切一，紖在軫部，當是軫部增加字誤入準部也。

［校辨］組紖切的組，據《廣韻》應爲鉏，《切韻考》準部表後説明所引組字亦誤。《切韻考》不録濜小韻，但《韻鏡》列軫部牀母。《切韻》《王韻》均無濜字，《廣韻》後增，反切下字紖，按韻類應歸軫部，但濜小韻不屬於增加字。《集韻》濜字準部鉏引切，亦沿《廣韻》軫準互混。

毴而尹切與蝡而允切音同，增加字也。《集韻》蝡毴同切。

［校辨］反切下字尹允完全同音，《切韻考》認爲毴是增加字，不録。但又懷疑毴字徐鉉而尹切徐鍇而允切，似所據《唐韻》《切韻》有此字，應改録毴小韻而把蝡字作爲增加字，蝡又見二十八獮。查《切一》《切三》毴蝡兩字皆缺，《王一》《王二》《王三》軫部毴而尹反，缺蝡。合乎陳澧所疑。《集韻》準部毴併入蝡乳尹切，較爲合理。《韻鏡》準部毴列日母三等而蝡字誤列日母四等。

脪興腎切二㾙，腎在軫部，當是軫部增加字誤入準部也。

［校辨］脪字《七音略》列軫部曉母，不屬於增加字，《切韻考》不録脪小韻，原因在於未能靈活處

理《廣韻》中的軫準互混。

二十四緩

此條入考異　伴蒲旱切，旱在旱部，《説文篆韻譜》徐鉉等《説文》並薄滿切，當從之。

[校辨]《切三》《王一》《王三》旱部伴薄旱反，唇音字無開合之分，《説文篆韻譜》《廣韻》旱緩分開合，伴字按實際語音歸緩部，《七音略》《韻鏡》《切韻指掌圖》皆列緩部合口，但沿用《切韻》反切下字旱，《切韻考》認爲《廣韻》諸本蒲旱切徐鍇薄旱反皆誤，從徐鉉改爲薄滿切。本條誤將徐鍇《説文篆韻譜》混同徐鉉《説文》音，《切韻考》不誤。

此條入表後滿莫旱切，旱在旱部，此未密也。

[校辨]《切一》《切三》《王一》《王三》旱部滿字皆爲莫旱反，徐鍇《説文篆韻譜》緩部莫旱反，徐鉉《説文音》莫旱切，《廣韻》仍然沿用。《切韻考》緩部表内滿莫旱切，表後説明《廣韻》諸本及二徐皆誤。

攤奴但切一，但在旱部，當是旱部增加字誤入緩部也。

[校辨]《切韻》《王韻》旱緩開合同部。《王一》《王三》旱部攤字奴但反，暖乃管反。二小韻聲類相同，韻類分屬開口合口。《廣韻》開合分部，緩部泥母已列合口暖乃管切，開口攤奴但切則應轉入

旱部泥母。攤字誤入緩部，但不是增加字。《集韻》攤乃坦切，仍誤入緩部。《韻鏡》則分清開合，暖列緩部而攤列旱部。攤字《廣韻》又見寒部他干切，但攤奴但切與他干切釋義不同，理應分立兩切語，《切韻考》旱部不録奴但切，似有欠缺。

二十六産

此條入表後　㦃初綰切二鏟，綰在潸部，借用也。産部之字皆與㦃不同類，故借用。

［校辨］《切韻考》産部㦃小韻單獨列爲合口二等韻類，表後説明是借用潸部的反切下字綰，但又懷疑是潸部的增加字，誤入産部。《七音略》㦃字列於潸部合口穿母二等位内，《廣韻》潸部合口韻類缺少穿母小韻，㦃字填補空缺，切合陳澧所疑㦃字是潸部誤入産部，但不應算作增加字，也不應算作産部的合口韻類。《韻鏡》《七音略》産部合口全部空缺無一字，與陳澧分類不合。周祖謨《陳澧切韻考辨誤》據《萬象名義》㦃音叉産反、《玉篇》叉限切，認爲㦃與剗同音，唐本殘韻並無初綰切，陳澧所分㦃字合口韻類應歸併開口韻類。但值得考慮的是：新發現的《王三》産部醆側限反，或作盞琖，字三㦃、鏟，與《廣韻》産部醆阻限切四琖盞艬〇㦃初綰切二鏟，文字極其相近，是否《廣韻》沿用《王三》而把醆小韻誤分爲二，㦃字後誤加初綰切。

二十八獮

蜎狂兗切一　與圈渠篆切音同，又已見仙部，此增加字也。

[校辨]《切三》《王三》圈渠篆反，蜎狂兗反。蜎圈兩小韻早已並存，蜎並非《廣韻》增收。《切韻指掌圖》山攝合口羣母圖中圈字列三等，蜎字列四等。現今學者名之爲重紐。《韻鏡》《七音略》獮部合口分列兩圖，與銑部共圖而列於三等喉牙脣音聲母的圈字稱爲純三等，與元部同圖而列於四等的蜎字稱爲混合三等，《廣韻》獮部合口字可分二類，蜎與圈不同音。

楩符善切四𢤱諞扁與辯符蹇切音同，又楩已見仙部，𢤱諞已見本部，諞又見仙部，扁已見仙部銑部，此皆增加字也。諞見本部者即在辯字下，此增加之尤不檢者。

[校辨]《切三》《王三》楩符善反，辯符蹇反。楩辯兩小韻早已有之，楩並非《廣韻》增收。《廣韻》獮部開口字可分二類，脣音辡方免鴘披免辯符蹇免亡辨《韻鏡》《七音略》列三等，褊方緬楩符善緬彌兗列四等，系統對應，楩小韻在重紐混合三等韻類中不可或缺，楩小韻的反切下字善與辯小韻的反切下字蹇分屬於不同音類，楩與辯不同音。

棧士免切一　與撰士免切音同，又已見産部，此增加字也。

[校辨]《切三》《王三》獮部撰士免反，無棧字。《廣韻》棧字已見産部士限切，又列獮部末，應是誤增。

《切韻考外篇》犻部不録棧字，録取撰小韻注明合口二等。《韻鏡》《七音略》撰字列於潸部犻部同圖的合口牀母二等位内，切合《切韻考》犻部所録士免切。免字唇音開合不定，可作合口撰小韻的反切下字。《廣韻》撰字又見潸部雛皖切，韻圖列位與士免切合而爲一。從等韻分析，此位應屬潸部，犻部撰士免切實爲多餘，但《切韻考》卻誤認潸部撰雛皖切屬開口韻類，是增加字，不録。周祖謨《陳澧切韻考辨誤》、方孝岳《廣韻韻圖》則認定爲合口韻類。

三十四果

爸捕可切○䂜作可切，可在哿部，當是哿部增加字誤入果部也。

［校辨］爸字《王二》《王三》哿部蒱可反，捕蒱同屬並母，《王韻》哿果同部，唇音不分開合。《廣韻》哿果分開合，唇音字全歸合口果部。爸小韻反切下字仍沿用《王韻》，按系聯條例應歸開口哿部，但《韻鏡》《七音略》《切韻指掌圖》皆列於果部並母，幫滂並明，跛叵爸麽，爸字不可或缺，並非哿部增加字誤入果部。

䂜作可切，《王韻》無字，《廣韻》後增，按反切下字應屬哿部，但《韻鏡》《七音略》《切韻指掌圖》皆列合口果部，切合《廣韻》。䂜小韻若入哿部，則與左臧可切同音，但果部缺精母字，䂜小韻填補空缺，不屬於增加字，用可字作反切下字是偶有粗疏。

三十八梗

此條入表後　礦古猛切，猛與礦不同類，與礦同類者惟畀字，乃增加字，故借用猛字。

［校補］《切韻考》梗部礦古猛單獨列爲一類，表後説明礦字無同類之字，故借用猛字。「此韻末有畀字苦礦切，與礦字韻同類，而礦字切語不用，且畀字已見十遇，此增加字也，今不録。」

［辨證］《切韻考外篇》梗部見母分梗古杏開二，礦古猛合二，警居影開三，憬俱永合三共四類，審音正確。但礦並非無同類字，認爲礦小韻不用畀字作反切下字，畀小韻就應該廢棄，似覺片面。畀用礦作反切下字正好説明礦字是屬於合口二等韻類，而區别於開口二等。《切三》《王三》無畀小韻，《廣韻》增收。畀字苦礦切，又音遇部句九遇切，有兩種音讀，但並非誤增。《韻鏡》《七音略》梗部均列畀小韻。《切三》《王三》梗部礦小韻均爲古猛反，借用猛字，早已有之，《廣韻》前有所承，不改猛爲畀。

四十二拯

拯無韻切，音蒸上聲。　拯部庱殑殑諸字皆增加字，切語無可用之字，故云無韻切也。

［校辨］《切韻考》拯部只列拯小韻，表後説明：　此韻有庱字丑拯切，殑字其拯切，殑字色庱切，拯字下云無韻切，音蒸上聲。謂拯無同類之字可爲切語者，故變例音蒸上聲也。　庱殑殑三字爲增加字之最顯者，三字又皆已見十六蒸，今不録。

查《切三》《王一》《王三》拯部皆只有拯小韻，注云無反語，取蒸之上聲。庱殑殑三小韻實爲《廣韻》增收。三字又已見十六蒸。查《廣韻》蒸部殑山矜切，殑其矜切又其拯切，庱丑升切又丑拯切，殑庱兩小韻均説明有平上兩讀，與拯部互相印證。《廣韻》拯部四小韻使用拯庱作反切下字符合同用遞用系聯條例，而拯小韻不改用庱殑殑作反切下字，是由於沿襲《切韻》。《韻鏡》《七音略》拯部開口均列四小韻。

四十四有

秠芳婦切一與恒芳否切音同，又已見脂部旨部，此增加字也。《集韻》怌秠同切，怌即恒字。

［校辨］秠與恒兩小韻完全同音，芳婦切確實是屬於增加字。《韻鏡》《七音略》有部滂母列紑芳否切而不録秠，《集韻》秠恒紑同爲匹九切，恒寫作怌。《廣韻》秠已見脂部丕敷悲切，旨部嚭匹鄙切。

五十三豏

喊呼豏切一與䦓火斬切音同，增加字也。

［校辨］反切上字呼與火同屬曉母，喊與䦓兩小韻完全同音，呼豏切確實是增加字。但《韻鏡》豏部曉母列喊字而不列䦓。《切韻考》豏部表後説明喊字是在部末，又已見敢部呼覽切，不録。豏部

曉母録取闞火斬切。

去聲

六至

侐火季切一與瞲香季切三睢婎音同，又已見職部，此增加字也。《集韻》睢婎香萃切與侐音不同，而與殨許位切二燹音同，其殨字虚器切又與齂音同，此不足以證《廣韻》也。

［校補］《切韻考》六至表後説明：此韻末有侐字火季切，與瞲字香季切音同，侐字又見二十四職，此增加字也，今不録。缺《集韻》以下一段文字。

［辨析］火與香同屬曉母，侐與瞲（《考略》《切韻考》瞲，《廣韻》瞲）兩小韻完全同音，《切韻考》列取瞲香季切而不録侐火季切，《韻鏡》《七音略》列侐字於至部合口曉母四等位内而不録瞲字。《切韻考外篇》瞲字注合四，切合韻圖侐字列位，瞲與侐實際上同屬一個小韻。《切韻考外篇》至部曉母分屬三個韻類，齂虚器，開三；　殨許位，合三；　瞲香季，合四。瞲小韻與殨小韻構成重紐。符合《廣韻》。

《考略》指出《集韻》有失誤。《廣韻》瞲睢婎與侐同爲合口重紐四等韻類，而《集韻》睢婎改作香萃切，轉變爲合口三等韻類，取代了《廣韻》殨許位切。《集韻》又把殨小韻改作許利切，殨字又見於齂小韻虚器切，許利切與虚器切聲類韻類全同，許利切確實是屬於增加字，而殨字卻從《廣韻》的合口三等

轉變爲開口三等。《集韻》脂部曉母睢婎䃀字的分韻定切開合等列,均有可疑,不足以證《廣韻》。

十三祭

𤜵丘吠切一,吠在廢部,此廢部增加字誤入祭部也。《集韻》𤜵在廢部。

[校辨]《切韻考》祭部廢部均不録𤜵小韻。𤜵字《集韻》改列廢部去穢切,《韻鏡》祭部與廢部均收𤜵字,《七音略》列祭部合口三等溪母,不算作增加字。

𧰡呼吠切一,吠在廢部,此亦廢部增加字誤入祭部也。《集韻》𧰡在廢部。

[校辨]《切韻考》祭部廢部均不録𧰡小韻。𧰡字《集韻》改列廢部牛吠切,許濊切。《韻鏡》列於祭部合口曉母,切合《廣韻》。從聲韻結構分析,𧰡小韻是屬於祭部而借用吠字作反切下字,廢部已有喙許穢切屬於合口三等曉母,𧰡呼吠切是增加字,但祭部卻缺少曉母字,𧰡小韻剛好填補空白,並非增加字。

劓牛例切二劓同上,與藝魚祭切音同,劓又已見至部,此增加字也。

[校辨]《王一》《王三》《唐韻》劓牛例反,《王二》義例反,《韻鏡》列祭部開口三等疑母,而藝字列四等,牛例切與魚祭切實爲重紐。

題獨計切一,已見張本無。按:計在霽部,又題已見霽部,此增加之尤謬者,宋《重修廣韻》删之

是也。

淠匹世切一，與濈匹蔽切音同，增加字也。張本無。

矋音例，音例則當在例下，此增加之最顯者。張本無。

［校補］以上三條皆屬於版本問題。《切韻考》祭部表後有較詳細的説明。這是明本顧本《廣韻》的錯誤，《考略》指出張士俊刻本無此等切語。查古逸叢書覆宋本《重修廣韻》與宋巾箱本《廣韻》題字齊部杜奚切又霽部特計切，淠字至部匹備切，矋字疑是矑字形誤，矑字列在祭部力制切例字下。

十四泰

䠥七外切一，與䙡䨺最切音同，增加字也。《集韻》䙡䠥同音。

［校辨］䠥䙡兩小韻同屬泰部合口清母，七外切確實是多餘的切語，《韻鏡》《七音略》䙡字列泰部合口清母，切合《切韻考》。《王三》䙡七會反，䆼千外反。《唐韻》䙡七會反，缺䆼字。《廣韻》䙡䆼並爲䨺最切，但又在部末增設䠥七外切。同音字誤分兩切語。《王二》䙡在外反，從母，與《王三》《廣韻》不合。

十七夬

此條入考異 夬古賣切，賣在卦部，誤。《説文篆韻譜》古邁切，當從之。

[校補]《切韻考》夬部夬,古邁切。表後説明:《廣韻》諸本古賣切,誤也,賣字在十五卦。今從徐鍇。

[校證] 夬字《説文篆韻譜》《王二》《王三》均爲古邁反,《集韻》古邁切,陸德明《經典釋文》夬古快反。《廣韻》各種版本皆誤作古賣切。夬部與卦部音混。

此條入考異　蠆丑犗切,《説文篆韻譜》丑介切,介在怪部,借用也。蓋夬部字與蠆同類者犗禬喝餲嚘餀欬哵譪敹諸字皆增加字,其未增加時蠆無同類字,故借用介字也。

[校辨]《切韻考》夬部蠆丑介切,單獨一個小韻作開口二等韻類。表後説明:《廣韻》諸本丑犗切,今從徐鍇。徐鉉丑芥切,介芥音同。《玉篇》亦丑介切。後人增犗字,乃改爲丑犗切耳。

查蠆字《王一》丑菜反,《王二》丑界反,《王三》丑芥反,《唐韻》丑介反。《王韻》《唐韻》介界屬怪部,菜屬代部,芥屬夬部,介與芥不同韻部。夬部蠆小韻以介界菜作反切下字可以説是借用,而芥字則並非借用。徐鍇《説文篆韻譜》切合《王二》《唐韻》,借用怪部的介。徐鉉《説文音》則與《王三》同,使用了蠆的同類字芥。徐鍇則將芥字歸入怪部。

芥字《廣韻》轉入怪部誡小韻古拜切,與界介同音。夬部蠆小韻不再用芥字作反切下字,而改用與芥字同一小韻的犗字。

犗字見於《王一》《王二》《王三》芥小韻,芥犗實爲開口韻類,但《王韻》卻誤用古邁反,與合口韻

類的夬古邁反完全重複。《廣韻》把芥字併入怪部古拜切而把犗字作爲小韻的代表字，改用古喝切。《王三》喝餲於芥反，𠰓所芥反，讗火芥反，《廣韻》喝於犗切，𠰓所犗切，讗火犗切，反切下字犗代替芥是順乎語音變化，並改正了《王三》犗古邁反的謬誤。犗喝𠰓讗等字，早已見於《王韻》，非《廣韻》增收。《廣韻》使用犗喝作夬部開口韻類的反切下字，合乎音理，陳澧未見《王韻》《唐韻》，認爲介芥音同，蠆字誤用丑介切。

十八隊

蚚胡輩切一與潰胡對切音同，又已見微部，此增加字也。《集韻》潰蚚同音。

［校辨］蚚小韻列《廣韻》隊部末，與潰小韻完全同音，蚚字已見微部渠希切。胡輩切確實是增加字。《集韻》蚚字併入潰小韻胡對切。

二十一震

螼羌印切一，與菣去刃切音同，又已見準部是增加字，此亦增加字也。

［校辨］前文已辨析，螼準部弃忍切實際上是屬於軫部開口三等，不應算作增加字。《切韻考》震部不録螼羌印切，但《韻鏡》列於溪母四等，與三等的菣去刃切構成重紐。《切韻考》真軫質皆有兩

個韻類，但震部只有一個音類，震部喉牙唇聲母也該分三等與四等兩類，螼菣兩小韻不完全同音。

昀九峻切二 韵，竣在稕部。此稕部增加字誤入震部也。《集韻》昀韵在稕部。

[校辨]昀字《王一》《王三》九峻反。《王韻》震稕同部不分開合，據反切下字應歸入稕部，《集韻》稕部昀韵九峻切，但《廣韻》卻歸入震部。《韻鏡》昀字分列於震稕二部，誤從《廣韻》。《七音略》昀字只列於稕部見母四等。

二十九換

半博慢切，慢在諫部，《說文篆韻譜》博縵反，當從之。《說文》大徐音博幔切，縵幔音同。

[校辨]《切韻考》：　半博幔切，《廣韻》諸本博慢切，誤也。今從徐鉉。查《王一》《王二》《王三》《唐韻》半均爲博漫反，與徐鍇徐鉉音同。《廣韻》漫幔縵換部莫半切，慢字諫部謨晏切，半小韻切下字漫誤作慢，換部與諫部音混。《集韻》半博漫切，不誤。

三十九過

譛千過切二 挫，與剉麤臥切音同，此增加字也。

[校辨]《切韻考》不録譛小韻。表後有較詳細的論述。譛與剉兩小韻聲類韻類全同，千過切是

多餘的切語，諎抯二字應併入剉小韻。《韻鏡》《七音略》過部清母列剉字，與《切韻考》同。

磋七過切一亦與剉䵢卧切音同，又已見歌部，此增加字也。

[校辨]《切韻考》過部不録磋小韻。查《王一》《王三》磋七箇反，按反切下字應屬箇部。《韻鏡》《七音略》《切韻指掌圖》均列入箇部清母。《集韻》箇部磋千個切。《廣韻》磋字誤入過部，但實際上是屬於箇部，並非增加字。

侉安賀切一與涴烏卧切音同，增加字也。

[校辨]《切韻考》不録侉小韻。但不應作增加字。《王三》侉烏佐反。《集韻》箇部安賀切。《七音略》《切韻指掌圖》皆列於箇部影母位内。侉涴兩小韻實不同音，反切下字賀屬箇部開口韻類，《廣韻》箇部缺少影母小韻，侉安賀切是誤入過部。

四十二宕

汪烏浪切二䤑與盎烏浪切音同，又已見唐部，且此汪字即唐部汪字之去聲，與盎本不同音，不當與盎同切，增加者切語未精也，《集韻》烏曠切得之。

[校辨]《唐韻》宕部無汪小韻，《王三》宕部汪烏光反，誤用唐部切語，《廣韻》汪烏浪切，誤用開口的浪字作反切下字。《集韻》汪烏曠切，盎於浪切，實不同音。《韻鏡》《七音略》《切韻指掌圖》盎列

開口影母,汪列合口影母。宕部汪小韻爲唐部烏光切之去聲,又讀字不算作增加字,《集韻》改作烏曠切是正確的。

附論:荒《廣韻》《集韻》皆爲呼浪切,《切韻考》按反切下字列爲開口韻類,但《韻鏡》《七音略》《切韻指掌圖》皆列合口,這也是切語未精,開合互混。

四十三映

蝗户孟切,孟在蝗。此部映敬等字爲一類,更孟等字爲一類,命病等字爲一類,蝗無同類字,故借用孟字,與蝗同類之字惟弦字烏横切,蓋當是增加字,未增加時蝗無同類字,故切語借用孟字也。

[校辨]《切韻考外篇》映部各小韻按反切下字系聯分爲四個韻類: 敬慶競迎瀧生映,開口三等; 更掌倀鋥膨孟瀴諍行,開口二等; 柄病命詠,合口三等; 蝗,合口二等。蝗户孟切,孟用作蝗的反切下字。因爲與蝗小韻同類的只有弦烏横切,弦是增加字,未增加時蝗無同類字,因此借用孟字作反切下字。《切韻考》敬部表後説明蝗字並非增加字,蝗小韻單獨作一個韻類是正確的,但不録弦小韻,似有欠缺,《韻鏡》《七音略》《切韻指掌圖》映部合口二等影母位内均列弦字。《廣韻》弦小韻用蝗小韻的同音字横作反切下字,構成合口二等韻類,合乎音理。

五十六㮇

趝紀念切，一與兼古念切音同，增加字也。《集韻》兼趝音同。

［校辨］《切韻考》㮇部表後説明：兼又見二十五添，此增加字，今不録。查《王一》《王二》《王三》《唐韻》㮇部均有兼古念反與趝紀念反，增加字早已有之。《集韻》併爲一小韻，吉念切。《韻鏡》《七音略》㮇部見母列趝字，與《切韻考》同。此條《切韻考》行文是先列出增加字兼古念切，後列非增加字趝紀念切，但《考略》卻相反，不依常例，次序有誤。

五十九鑑

黤音黯去聲，一，無切語，不合本書之例，當是增加字也。㧻部㧻字切語無可用之字，此不同也。

［校補］《切韻考》鑑部不録黤小韻，表後説明：此韻有黤字，音黯去聲而無切語，不合通例。且黯去聲當在五十七陷，與五十二豏之黯字相承，不當在此韻矣。此字已見五十三檻，此增加字也，今不録。

［辨證］黯字《廣韻》咸部乙咸切豏部乙減切。四聲相承，咸豏陷洽，黯去聲應在陷部而不是在鑑部。黤字已見於檻部於檻切，現在鑑部末，注音不準確，似應算作增加字。但《韻鏡》《七音略》仍列於鑑部影母位内，《集韻》則改作乙鑒切。

入聲

十一没

㚡土骨切一與宊他骨切音同。痕部之吞字之入聲，以痕部入聲字少，故併入没部，如腫部湩字之例歟？

［校辨］土骨與他骨完全同音，《切韻考》認爲㚡土骨切是增加字，不録。《韻鏡》没部透母列宊，與陳澧合。但《考略》又認爲㚡土骨切是痕部吞字的入聲，因爲痕部入聲字少而併入没部，與湩部字少而併入腫部的情況相似。

麧下没切五麧紇齕淈與搰户骨切音同，增加字。《通志七音略》《切韻指南》並以痕很恨麧相承，是麧爲痕之入聲。

［校補］《切韻考》：淈字已見没部骨字下，紇齕二字已見十六屑，此增加字也。麧爲痕字之入聲，陸氏《切韻》無可考，今不録之，亦蓋闕之義也。

［辨析］周祖謨《陳澧切韻考辨誤》：没韻麧下没切與搰户骨切音同，等韻圖以麧爲痕韻入聲，分立一個音類。查麧字《切三》《王一》《王三》下没反，反切下字屬明母，脣音開合不定。《韻鏡》列麧字於開口圖中爲痕部入聲，而搰字則列於没部合口匣母位内，麧與搰實不同音。查搰字《切三》《王一》《王二》均在麧小韻内，《唐韻》分立爲胡骨反，與《廣韻》同。《王三》搰字分列於麧下没反鶻胡骨

反。《七音略》麧字列痕部入聲而没部匣母空白無字，與《切三》《王一》《王二》同。痕部入聲附於没部之説，亦屬可信。

十三末

繓子括切三攥撮與鬠姊末切音同，增加字也。

［校辨］繓鬠兩小韻聲類相同，子括切與姊末切似爲重複。《切韻考》不録繓小韻，但《韻鏡》《七音略》《切韻指掌圖》列繓字於末部精母位内。查《王三》鬠姊末反，《王韻》曷末同部，唇音字開合不定，末字作反切下字，可屬於開口韻類。《唐韻》始分曷末二部，鬠字誤入合口末部，《廣韻》承其誤，《切韻考》取鬠字入末部，亦誤。實際上繓子括切才是合口韻類。《集韻》鬠子末切改入曷部。

十四黠

𦤶五骨切三聉膼，骨在没部，徐鉉等校《説文》膼五滑切，當從之。

［校證］《切韻考》「𦤶，五滑切。《廣韻》諸本五骨切，誤也，骨字在十一没。與𦤶同音者有聉膼二字，徐鉉五滑切，今從之。」查𦤶小韻《王三》五滑反，《集韻》亦作五滑切。陳澧所考完全

正確。

十七薛

啜姝雪切 一與歠昌悦切音同，又已見本部歠字下，此增加字也。乃增加之不檢者也。

［校辨］《切韻考》不録啜小韻。《韻鏡》《七音略》列歠字於薛部合口穿母三等，與《切韻考》同。又《切韻考》薛部表後：「啜字姝雪切，明本顧本殊雪切，誤。《集韻》姝悦切，可證姝字是也。啜字見於韻末，乃增加之最粗疏者。」查《切三》《王一》缺歠字，《唐韻》昌悦反，《王二》《王三》昌雪反。啜字《唐韻》殊雪反，《切三》《王一》《王二》樹雪反，《王三》處雪反，《七音略》《切韻指掌圖》均列啜字於薛部禪母三等位内。與陳澧所論相反，《切韻》《王韻》以及明本顧本《廣韻》似較合理，宋巾箱本《廣韻》與《鉅宋廣韻》啜殊雪切，古逸叢書覆宋本《重修廣韻》與張士俊本《廣韻》殊字誤作姝。《集韻》則合併姝雪切與昌悦切爲姝悦切。

䇷方別切五䛦莂扒別與鷩并列切音同，別又已見本部，此皆增加字也。

［校辨］《切韻考》不録䇷小韻。但《切三》《唐韻》有䇷莂方列反，《王二》變列反，《王三》兵列反，《七音略》䇷字列於薛部幫母開口三等位内，鷩字列爲四等，䇷與鷩兩小韻實爲重紐。鷩字《切三》《王二》《王三》《唐韻》皆爲并列反，薛部早已䇷鷩並存，並非《廣韻》增收。

二十陌

虢古伯切五敬灦唬𧦝與格古伯切音同，此部陌礫等字爲一類，劇戟等字爲一類，嚄韄謋虢擭蝴等字爲一類。嚄韄謋擭蝴及與嚄同音之嚿，與謋同音之諕翻瀞硅愭砉湱，蓋皆增加字，未增加時虢無同類字，故切語借用伯字，適與格字切語同，則其跡也。

［校辨］《切韻考外篇》陌部分爲三個韻類：格客額礫伯拍白陌等十六個小韻爲開口二等韻類；戟隙劇逆等八個小韻爲開口三等韻類；虢小韻單獨作合口二等韻類。實際上與虢小韻同類的還有嚄韄謋擭蝴五個小韻，嚄小韻同音字嚿，謋小韻同音字諕翻瀞硅愭砉湱。《考略》認爲這些字全部是屬於增加字，未增加前，虢字無同類字，因此借用伯字作反切下字。《切韻考》表後説明虢小韻非增加字，嚄一虢切，蝴丘擭切，皆與虢字韻同類，而虢字不用擭蝴作反切下字，因此擭蝴等都是增加字，不録。《考略》認爲《廣韻》用伯字作陌部合口韻類的反切下字是審音粗疏，其實陌部唇音字拍普伯切伯博陌切陌莫白切白傍陌切，反切下字伯陌白遞用互用自成一類。而開口韻類與合口韻類皆可用唇音字作反切下字。如額五陌切宅場伯切䮛女白切嘖側伯切齚鋤陌切屬開口，而謋虎伯切嚄胡伯切韄乙白切屬合口。

查《切三》《王二》《唐韻》嚄胡伯反韄乙白反謋虎伯反虢古伯反擭一虢反，《王三》則韄乙百反，餘與《切三》同。陌部合口三等韻類早已有之。《韻鏡》《七音略》陌部合口均列虢擭砉嚄四小韻，不應

算作增加字。韄乙白反與攫一號反完全同音,則屬於增加字。蠖丘攫切是《廣韻》後增,而後增之字卻能用純屬合口的攫字作反切下字,應説審音精細。因爲陌部合口韻類多是冷僻字,《切韻》《王韻》乃至《廣韻》皆採用淺白的唇音字作反切下字,這也是可以理解的,並非審音粗疏。

二十七合

唈烏荅切一與姶烏合切音同,增加字也。《集韻》姶唈音同。

[校辨] 唈姶完全同音,《切韻考》不録唈小韻。《切三》《王二》《王三》《唐韻》姶烏合反,均缺唈小韻,《廣韻》唈烏荅切置於部末,確實是增加字。《集韻》唈併入姶遏合切。《韻鏡》《七音略》合部影母位内列姶,與《切韻考》同。

三十帖

謎先頰切一,與燮蘇協切音同,增加字也。《集韻》燮謎同音。

[校辨] 謎與燮完全同音。《切韻考》不録謎小韻。《切三》《王二》《唐韻》《王三》燮蘇協反,均無謎小韻,《廣韻》謎先頰切置於部末,應屬於增加字。《集韻》謎併入燮悉協切。《韻鏡》《七音略》燮字列於帖部心母位内,與《切韻考》同。

補遺

五質

率所律切，律在術，查《篆韻譜》。

［校補］《切韻考》：率所律切，律字在六術，蓋以率字無同類之韻，故借用也。徐鉉《説文音》率字所律切。徐鍇《説文解字篆韻譜》術部率所律反。

［辨析］《切韻考外篇》質部分爲三類：乙於筆切，開三；一於悉切，開四；率所律切，合二。查率字《切三》《王二》所律反，《王一》師茁反，《王三》師出反。《切韻》《王韻》質術同部，《唐韻》質術分部，率字歸質部所律反，《廣韻》所律切是沿襲《唐韻》，《集韻》朔律切仍在質部。但《説文篆韻譜》率字歸術部，《韻鏡》《七音略》率字均列於術部審母二等位内。《切韻指掌圖》臻攝合口圖内率字與𪘲士叱切以及術部𪘲側律切同列二等。《廣韻》質部獝況必切颮於筆切茁徵筆切也是屬於合口韻類，《七音略》皆列於術部。颮茁反切下字筆，唇音開合不定。獝字《王一》《唐韻》其聿反。《唐韻》歸術部。周祖謨《陳澧切韻考辨誤》認爲《廣韻》質部所分三類，其實只有開口二類，率字合口一類應歸併術部。

二〇〇二年一月校訂